F I N A N C E A N D T R A D E

中等职业教育
改革创新
系列教材

网店视觉设计与制作

全彩慕课版

程弋可 黄炜

主编

**胡潇月 吴少婷
周琳**

副主编

人民邮电出版社

北 京

图书在版编目（CIP）数据

网店视觉设计与制作：全彩慕课版 / 程弋可，黄炜
主编. -- 北京 ：人民邮电出版社，2023.4（2023.12 重印）
中等职业教育改革创新系列教材
ISBN 978-7-115-61118-5

Ⅰ．①网… Ⅱ．①程… ②黄… Ⅲ．①网店－设计－
中等专业学校－教材 Ⅳ．①F713.361.2

中国国家版本馆CIP数据核字(2023)第021190号

内 容 提 要

本书针对中等职业学校电子商务专业学生的培养目标，按照网店视觉设计与制作的相关工作内容，系统地介绍网店视觉设计与制作的各方面知识。本书内容包括走进网店视觉设计与制作、掌握视觉设计与制作核心技能、设计与制作主图和主图视频、设计与制作商品详情页、设计与制作网店首页、制作商品短视频、网店整店视觉设计实战。

本书知识全面、案例丰富，将网店视觉设计与制作的理论知识同实训紧密结合；融入素养知识，落实"立德树人"根本任务；设置特色小栏目，可读性、趣味性较强；同时配有视频讲解，有助于培养学生网店视觉设计与制作各方面的能力。

本书不仅可以作为中等职业学校电子商务、网络营销、市场营销、设计类等相关专业的网店视觉设计与制作相关课程的教材，还可以作为网店视觉设计与制作相关从业人员的参考书。

- ◆ 主　　编　程弋可　黄　炜
　　副 主 编　胡潇月　吴少婷　周　琳
　　责任编辑　侯潇雨
　　责任印制　王　郁　彭志环
- ◆ 人民邮电出版社出版发行　　北京市丰台区成寿寺路 11 号
　　邮编　100164　　电子邮件　315@ptpress.com.cn
　　网址　https://www.ptpress.com.cn
　　北京博海升彩色印刷有限公司印刷
- ◆ 开本：889×1194　1/16
　　印张：11.25　　　　　　　　　2023 年 4 月第 1 版
　　字数：256 千字　　　　　　　2023 年 12 月北京第 2 次印刷

定价：59.80 元

读者服务热线：(010)81055256　印装质量热线：(010)81055316
反盗版热线：(010)81055315
广告经营许可证：京东市监广登字 20170147 号

前言
Foreword

党的二十大报告指出，教育、科技、人才是全面建设现代化国家的基础性、战略性支撑。职业教育是国民教育体系和人力资源开发的重要组成部分，起着培养多样化人才、传承技术技能、促进就业创业的重要作用。随着我国市场经济的迅速发展，国家对技能型人才的需求量越来越大，这推动着中等职业教育（以下简称"中职教育"）进一步改革。

随着网上购物的不断发展，网店的竞争越来越激烈。在电子商务市场中，简单、枯燥的网店页面无法打动消费者，因此市场对网店视觉设计与制作专业人才的需求量越来越大，要求也越来越高。优秀的网店视觉设计不仅可以给人舒适的感觉，还可以传达商家的营销信息，通过独特的卖点打动消费者，激发消费者的购买欲。

本书根据中职教育教学需求，结合岗位技能要求，采用理论和实训相结合的形式，充分选取符合二十大理念的，体现真、善、美的行业案例，以Photoshop CC 2018为主要实训软件，介绍网店视觉设计与制作的相关知识。本书具有以下特点。

1. 内容丰富，结构合理

本书先介绍网店视觉设计与制作的相关基础知识；然后讲解视觉设计与制作的核心技能；接着从网店视觉设计与制作的各个部分出发，详细介绍商品主图和主图视频、商品详情页、网店首页、商品短视频的相关知识和制作方法；最后通过网店整店视觉设计实战，帮助读者全面掌握网店视觉设计与制作的方法。

2. 情境代入，生动有趣

本书以毕业生小艾加入一个设计公司为背景，通过小艾在公司的各种经历，以及公司电商设计部门主管老李对小艾的工作指导，生动地引出各个学习重点。

3. 栏目新颖，实用性强

本书设有"经验之谈""素养小课堂""知识窗""同步实训""项目小结"等

栏目，注重培养读者的思考能力和动手能力，帮助读者做到"学思用贯通，知信行统一"。

4. 配套资源丰富

本书提供PPT、课程标准、精美视频、案例素材、实训素材等教学资源，读者可以登录人邮教育社区（www. ryjiaoyu.com）获取相关资源。

本书由程弋可、黄炜担任主编，胡潇月、吴少婷、周琳担任副主编，张卫林、杨欣也参与了本书的编写工作。由于编者水平有限，书中难免存在不足之处，敬请广大读者批评指正。

编者
2023年1月

目录
Contents

目录
Contents

目录
Contents

项目一
走进网店视觉设计与制作

设计专业的小艾毕业后，入职了一家设计公司，在电商设计部门负责网店视觉设计与制作工作。小艾正式上岗前，公司安排了电商设计部门的主管老李对小艾进行培训，帮助小艾尽快熟悉工作并提高独立完成网店视觉设计与制作的能力。

➡ 知识目标

- 熟悉网店视觉设计与制作的相关内容。
- 了解网店视觉设计与制作的相关岗位。

➡ 技能目标

- 能够在网店视觉设计中灵活构图与布局。
- 能够确定网店视觉设计的风格、配色和文字。

➡ 素养目标

- 培养对网店视觉设计与制作的全局统筹能力。
- 了解电商平台的相关规定和与广告相关的法律法规，在网店视觉设计与制作中避免出现版权和敏感问题。

任务一 认识网店视觉设计与制作

任务描述

老李在开展网店视觉设计与制作的培训时告诉小艾，要顺利开展网店视觉设计与制作工作，需要了解网店视觉设计与制作的含义、作用、内容和方向，并熟悉网店视觉设计与制作的相关岗位，具备良好的职业技能和素养。

任务实施

↘ 活动1 网店视觉设计与制作概述

由于小艾是第一次接触网店视觉设计与制作，因此老李先为小艾讲解了网店视觉设计与制作的基础知识。简单来说，网店视觉设计是平面设计行业和电商行业的融合，主要为线上店铺（网店）进行视觉设计，是连接网店与消费者的桥梁。

影响消费者网络购物的因素有多种，如图1-1所示。网店视觉设计与制作人员需要围绕这些因素对网店进行美观的视觉设计，从而达到促销与推广的目的。总体来说，美观、大气的网店视觉设计能够延长消费者在网店商品页面中的浏览时间，减少消费者的视觉疲劳，使消费者更细心地浏览网店中的商品，更有利于传递商品信息，提升网店形象，吸引更多消费者进店浏览，从而提高转化率，如图1-2所示。

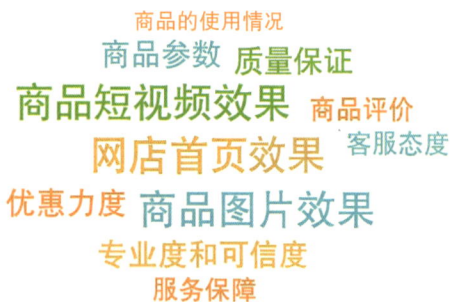

图 1-1

图 1-2

具体来说，网店视觉设计与制作包含多个部分，每个部分发挥的作用不同，对应的内容和设计方向也不同。

1. 处理商品图片

商品图片是网店视觉效果的基础，高品质的商品图片能够为商品增光添彩，吸引并打动消费者。为了让商品图片符合网店视觉设计的需求，网店美工需要选择合适的图像处理软件对商品图片进行处理，如调整图片的大小、色彩、存储格式，进行抠图、合成、修复、优化等操作。

图1-3所示为皮包商品图片处理前后的对比效果，右图在左图的基础上进行了调色、修

复、添加文字等操作，看起来更加美观。

2. 设计与制作商品主图和主图视频

商品主图和主图视频是展示商品的第一个窗口，视觉效果优秀的商品主图和主图视频更容易被消费者注意，从而为商品带来更多的流量，提高商品的成交量和竞争力。在设计与制作商品主图和主图视频时，应着重思考如何突出商品卖点，即根据商品自身特点、竞品情况及消费者心理，进行差异化视觉呈现，从而快速吸引消费者的注意力。

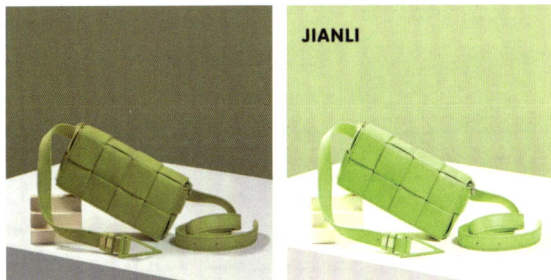

图 1-3

图 1-4 所示为同一商品的不同主图视觉设计图，左图是商品实拍图；而右图利用边框、背景、文字等元素进行了充分的视觉设计，更能赢得消费者的好感和信任。

图 1-4

3. 设计与制作商品详情页

商品详情页的视觉效果与商品转化率直接相关，其主要作用是向消费者传达更多的商品信息。因此，为了引导消费者购买商品，网店美工在设计与制作商品详情页时，要懂得挖掘消费者对商品的真实需求，给消费者构建一个清晰的商品印象（如介绍商品的基本信息、卖点、性能、品质、售后服务等），使消费者对商品产生信任，最终促成交易。

图 1-5 所示为同一商品的不同详情页视觉设计图，左图是商品实拍图；而右图通过留白，结合文字与图片的排版进行了充分的视觉设计，可给消费者留下清晰的商品印象，从而对商品产生信任，最终促成交易。

图 1-5

4. 设计与制作网店首页

网店首页是网店的"门面"，会直接影响网店的流量。用心策划和设计的网店首页能够使消费者产生点击的欲望，从而促进商品销售。在设计与制作网店首页时，要对首页中的各个板块进行合理的规划和布局，从而使首页的视觉效果给消费者留下深刻的印象，给消费者提供更好的首页浏览体验，为消费者的购物过程提供更大的便利。

图 1-6 所示为同类商品的网店首页视觉设计图，左图没有进行视觉上的美化；而右图利用图形、色彩、插画、文字等元素进行了充分的视觉设计，更容易留住消费者。

图 1-6

5. 设计与制作商品短视频

商品短视频是目前较热门且能有效提高商品转化率的方式。常见的商品短视频有商品详情页短视频、网店首页短视频，以及在自媒体平台上传播的商品或品牌宣传短视频等。由于商品短视频能够更加直观地展示商品，让消费者快速了解商品，因此，网店美工在制作商品短视频时需要深入介绍商品的功能、使用场景、原料、工艺、技术创新、品牌历史等内容，帮助消费者了解商品背后的故事。

图 1-7 所示为茶叶详情页短视频设计前后对比画面，左图是商品实拍画面；而右图通过调色、添加贴纸、添加字幕、设置滤镜等操作进行了充分的视觉设计，使茶叶详情页短视频更具吸引力。

图 1-7

素养小课堂

为了规范管理网店和商品，为消费者带来良好的浏览体验，主流电商平台对网店视觉设计的内容制定了一系列规定，网店美工在进行网店视觉设计前，应先了解电商平台的相关规定和与广告相关的法律法规，在网店视觉设计与制作中避免出现版权和敏感问题，增强职业道德与素养。

活动2 网店视觉设计与制作的相关岗位

小艾在电商设计部门的岗位是网店美工（又称"电商网店美工"），她除了需要与同部门的其他网店美工密切配合外，还需要经常与运营人员交流。

1. 运营岗位

运营人员负责为网店视觉设计与制作做前期准备，为网店美工进行网店视觉设计与制作提供基础支持。在网店视觉设计与制作中，运营人员需要先调查网店视觉设计与制作的背景、需求并进行分析，再调查商品市场，挖掘消费者需求、提炼商品卖点等，将分析结果提交给网店美工，以便网店美工找到网店视觉设计与制作的重点和方向。同时，运营人员负责明确视觉营销目的，帮助网店美工通过网店视觉设计与制作，将商品信息尽可能多地传递给消费者，以满足大多数目标消费者的需求，让网店实现营销目标。

2. 设计岗位

网店视觉设计就是网店运营的视觉呈现，网店美工需根据运营要求，结合自身的设计品位，设计出既符合运营要求又具有良好视觉效果的作品。要成为一名合格的网店美工，至少要具有两方面的能力：一是艺术表现的能力，二是适应消费者的能力。

- **艺术表现的能力**。艺术表现的能力体现在两方面：一是艺术功底，网店美工需要具有扎实的美术功底、优秀的鉴赏能力以及创新思维能力；二是创作能力，网店美工需要具有基本的图像处理与设计能力，能够熟练使用Photoshop、Illustrator、剪映、Premiere等设计软件，将艺术性的想法具象化为实际的设计作品。

- **适应消费者的能力**。网店美工要能够通过网店视觉设计与制作准确地向消费者展现商品的特点，并挖掘消费者的潜在需求。网店美工需要从运营、推广、数据分析的角度思考如何提高图片的点击率和转化率，通过图片、文字、色彩搭配，表现出商品的独特性，从而激发消费者的购买欲望等。

经验之谈

在网店视觉设计与制作的过程中，网店美工应与运营人员保持沟通，特别是沟通网店视觉设计的方向、关键要求和基本原则等对视觉设计影响较大的问题。当网店美工对商品的卖点、定位、目标消费者等产生疑问时，应及时与运营人员沟通，保证在网店视觉设计与制作中完整体现出网店的营销重点。

任务二　了解网店视觉设计与制作的要素

任务描述

了解网店的视觉设计风格、构图与布局、色彩、文字等要素，对网店视觉设计与制作非常重要。网店经营的商品品类不同，网店的视觉设计效果也会不同。为了帮助小艾制作出让客户满意的网店视觉效果，老李仔细为小艾介绍了网店视觉设计与制作的要素。

任务实施

↘ 活动1　视觉设计风格

网店视觉设计风格在一定程度上可以影响网店的流量和销量。风格定位准确、美观大方的网店视觉设计可以提升网店的品位，从而吸引目标消费者浏览，有助于提高网店销售额。

要想确定网店的视觉设计风格，需要综合考虑商品、目标消费者等因素。因此，老李为小艾讲解了5种不同的视觉设计风格及常用行业。

1. 极简风

极简风是近几年比较流行的视觉设计风格，主要特点为使用温和的低浓度色彩、有大量的留白、布局整齐简洁和信息清晰直观，多选择白色或浅灰色背景，凸显品牌对简约和独特质感的追求。

极简风的网店视觉设计可以很好地突出商品质感和品牌基调，常用于数码、服装、家居等品牌调性较高的网店。图1-8所示为极简风数码类网店视觉设计示例。

图 1-8

2. 中国风

中国风源于我国传统文化，将我国特有的美学、色彩搭配、民间艺术等融入网店视觉设计中，使我国的传统图案不停留在表面，更具有一种全新的现代美感。

中国风的网店视觉设计可以结合年轻一代和中老年人的审美，充分融入我国传统文化，吸引更多的消费者，常用于食品、珠宝、化妆品等网店。图1-9所示为中国风食品类网店视觉设计示例。

素养小课堂

我国传统文化"跨界"参与当代艺术设计、融入现代文化潮流的优秀作品大量涌现，中国风已成为设计风尚。网店美工除了需要在挖掘传统文化上下功夫外，还需要训练自己的设计思维，系统地提升对东方设计美学与设计方法的认识，才能让我国传统文化得到更有力的彰显和更广泛的传播。

3. 赛博朋克风

赛博朋克风具有强烈的科技感和未来感，包含机械科技、人工智能、城市场景，以及强辨识度的发光字体、发光线条、霓虹灯牌等元素，多采用紫色、蓝色、青色、洋红色等配色。

赛博朋克风的网店视觉设计能极大程度地增强网店的视觉冲击力和感染力，让消费者忍不住多看两眼，常用于新兴互联网品牌、电器、数码等网店。图1-10所示为赛博朋克风数码类网店视觉设计示例。

图 1-9

图 1-10

4. 插画风

插画风的应用领域和受众一直非常广泛，明艳的配色和卡通图像能让网店视觉设计变得丰富多彩，充满趣味性。

插画风的网店视觉设计能让消费者眼前一亮，拉近网店与消费者的距离，增加消费者与品牌的互动，常用于儿童商品、饮料、工艺品、母婴等网店。图 1-11 所示为插画风饮料类网店视觉设计示例。

5. C4D 风

C4D 风因独特的立体渲染效果而备受电商市场青睐。C4D 风常用相互重叠的三维几何形状，搭配简单的卡通形象，再配上梦幻、清新的色彩。

C4D 风的网店视觉设计既可以较好地展现商品，又能增加品牌趣味性，常用于食品、饮料、母婴等网店。图 1-12 所示为 C4D 风食品类网店视觉设计示例。

图 1-11

图 1-12

活动2　构图与布局

在进行网店视觉设计与制作时，合理的构图与布局能让网店视觉效果更加符合消费者的审美，也更能凸显网店中的商品。因此，老李向小艾介绍了构图与布局的相关方法、技巧与原则。

1. 构图方式

良好的构图是指各元素通过一定的方式构成一个协调、完整的画面。使用不同构图方式的图片会给人留下不同的视觉感受。

图 1-13

● **横向构图**。横向构图是指将多个不同商品或不同款式的同一种商品横排一字摆放的构图方式，常用于展现拥有多种颜色的小件日用品（如鞋袜、瓶罐等），如图 1-13 所示。

● **竖向构图**。竖向构图是指将商品竖向放于画面中心的构图方式。这种构图方式会使商品显得修长、美观，常用于展现具有垂直线条的商品，如图 1-14 所示。

● **三角形构图**。三角形构图是指以 3 个视觉中心为主要位置摆放商品，形成一个稳定的三角形的构图方式。该三角形可以是正三角形、斜三角形或倒三角形，其中，斜三角形较为常用，也更灵活。这种构图方式具有稳定、均衡，但不失灵活的特点，如图 1-15 所示。

● **疏密相间构图**。疏密相间构图是指将多个商品同时摆放在同一个画面中的构图方式。注意，不能将多个主体物放置在同一位置，要使它们错落有致、疏密相间，让画面紧凑的同时还能够主次分明，如图 1-16 所示。

图 1-14

图 1-15

图 1-16

● **中心构图**。中心构图是指在画面中心位置放置主元素（如商品或促销文案）的构图方式。这种构图方式可以产生中心透视感，给人稳定、端庄的感觉，如图 1-17 所示。

● **对角线构图**。对角线构图是指将主体放于画面的对角线上的构图方式，能够很好地表现画面的立体感。与中心构图相比，对角线构图能够打破视觉平衡，让画面更加活泼、生动，如图 1-17 所示。

图 1-17

图 1-18

● **对称式构图**。对称式构图是指将商品放于画面对称轴的两侧，形成对称效果的构图方式。该构图方式可以给人稳定、协调的感觉，如图 1-19 所示。需要注意的是，对称式构图并不需要将商品严格地对称放置，而是在大致对称中寻求变化，使画面更加生动，避免呆板。

● **九宫格构图**。九宫格构图是指将画面平均分成 9 个格子，在 4 个交叉点中选择一个或者多个点放置商品，同时还应适当考虑其他点的平衡与对比等因素的构图方式。这种构图方式能呈现变化与动感，是常用的构图方式，如图 1-20 所示。

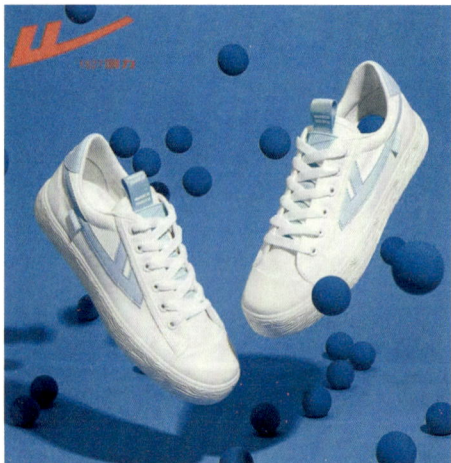

图 1-19

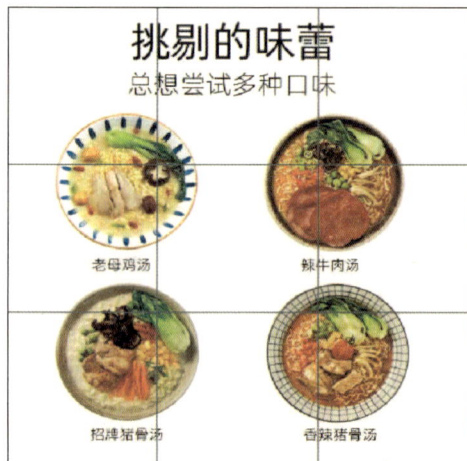

图 1-20

2. 页面布局原则

一个完整的网店页面中多种元素，为了合理地布局这些元素，给消费者营造舒适的视觉体验，页面布局需要遵循以下 5 个原则。

● **主次分明、中心突出**。视觉中心一般在页面的中心位置或中部偏上的位置。将网店促销信息或主推商品等重要信息安排在最佳视觉位置，无疑会迅速吸引消费者的视线。在视觉中心以外的地方可以安排次要信息，这样可以在页面中突出重点，做到主次分明。

● **大小搭配、相互呼应**。展示多个商品时，可通过大小搭配、相互呼应的方式使页面看起来错落有致。

- **区域划分明确**。合理、清晰地划分区域可引导消费者快速找到目标商品。
- **保持一致性**。保持页面的一致性是页面布局的基本原则，如统一主色调与辅助色，使页面中的文本、商品、图形、标题之间的留白大小一致。
- **合理使用页面元素**。页面元素的选用要合理、精确，元素在页面中的大小、间距与位置也要合适。

3. 页面布局方式

图像和文本的排列与布局会影响网店页面的整体氛围，为了有效进行页面布局，需要根据具体需求，合理运用以下页面布局方式。

- **居中对齐式布局**。居中对齐式布局是指将图像和文本在页面的水平方向或垂直方向上居中排列，如图 1-21 所示。水平居中对齐式布局能带给消费者稳定、安静、平和与含蓄之感，垂直居中对齐式布局能带给消费者强烈的韵律感。
- **对称式布局**。对称式布局是指以页面的横向或纵向的中心线为对称轴，将页面组成要素按照彼此相对的方式排列，如图 1-22 所示。这种布局方式能带给消费者稳定、庄重、理性之感。对称式布局不要求左右两侧或上下两侧完全对称，只要求两侧的宽度和重量感大致平衡即可。

图 1-21

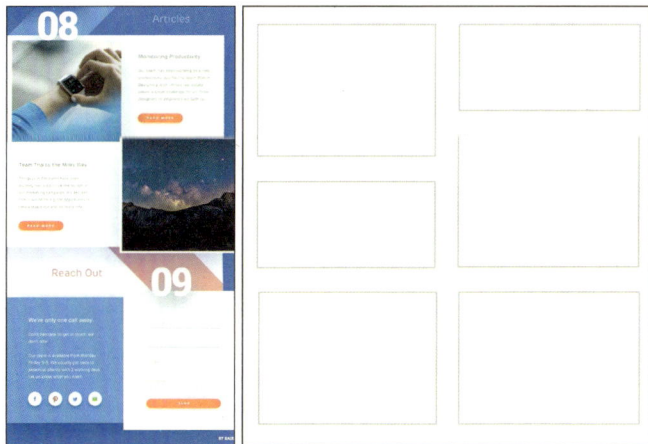

图 1-22

- **模块式布局**。模块式布局又叫作卡片式布局，其中的每个模块都包含文本、图像、视频或按钮等相同类型的内容，每个模块相对独立，具有自己的专属空间，页面能根据模块的大小、间距、数量产生变化，如图 1-23 所示。这种布局方式能以易于浏览的方式呈现大量信息，适用于具有许多相同层级的内容的页面。
- **分屏式布局**。当图像和文本同等重要时，可以采用分屏式布局，将它们进行左图右文或右图左文的排列，产生整齐划一又简洁的效果，如图 1-24 所示。

图 1-23

● **Z式布局**。Z式布局是指将消费者视线吸引到页面顶部，遵循消费者从左到右、从上到下的阅读习惯的布局方式。它以Z字形引导消费者视线，交替排列文本和图像，如图1-25所示。

图1-24

图1-25

↘ 活动3　色彩

一些设计行业的新手在进行网店视觉设计与制作时往往会忽略色彩搭配的问题，只是随意地堆砌色块，这会导致整个页面的色彩杂乱无章，使消费者产生视觉疲劳。因此老李为小艾介绍了色彩之间的关系和色彩搭配的方法，帮助小艾提升色彩搭配能力。

1. 色彩的属性与对比

色彩是一种视觉冲击力很强的元素，好的色彩搭配可以给消费者留下深刻的第一印象，因此，色彩在网店视觉设计与制作中尤为重要。

（1）色彩的属性

色相、明度和纯度是色彩最基本的3个属性。色相是指各类色彩呈现出来的不同感观效果，如红色、黄色、绿色、蓝色等；明度是指人眼对物体表面明暗程度的感觉，该明暗程度取决于光线的强弱；纯度也称饱和度，是指色彩的鲜艳程度。

（2）色彩的对比

在搭配网店页面的色彩时，经常需要根据色彩的属性运用色彩的对比。

● **色相对比**。利用色相之间的差别形成对比。在利用色相对比时需要考虑其他色相与主色相之间的关系。根据对比强弱，色相对比可分为：同类色（色相环上15°夹角内的色彩）对比、类似色（色相环上相距30°的色彩）对比、邻近色（色相环上相距60°的色彩）对比、中差色（色相环上相距90°的色彩）对比、对比色（色相环上相距120°的色彩）对比、互补色（色相环上相距180°的色彩）对比。图1-26所示为应用邻近色对比的网店视觉设计效果。

拓展知识：12色相环

图1-26

✏ **经验之谈**

将色彩按照光谱在自然界中出现的顺序进行排列，可以形成首尾相接的圆形光谱，共12种色彩，叫作12色相环。

● **明度对比**。利用色彩的明暗程度形成对比。恰当的明度对比可以使页面产生光感，看起来明快、清晰。通常情况下，明度对比较强时，对应的清晰度也较高；而明度对比较弱时，配色效果往往不佳，页面会显得柔和、单薄，商品形象也不够明朗。图1-27所示为使用不同明度的绿色进行配色的网店视觉设计效果。

● **纯度对比**。利用纯度的强弱程度形成对比。纯度对比较弱的画面，其视觉效果也较弱，适合长时间观看；纯度对比适中的画面，其视觉效果和谐、丰富，可以展现画面的主次；纯度对比较强的画面，其视觉效果鲜艳、明朗、富有生机。图1-28所示为使用不同纯度的蓝色进行配色的网店视觉设计效果。

图 1-27

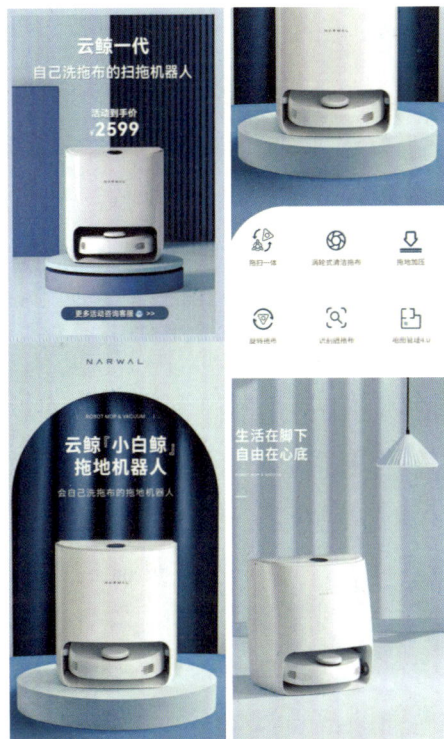

图 1-28

● **冷暖色对比**。利用色彩给人的不同感觉形成对比，黄色、橙色、红色等能给人带来温暖、热情、奔放的感觉，属于暖色调；蓝色、蓝绿色、紫色等能给人带来凉爽、寒冷、低调的感觉，属于冷色调。在网店视觉设计中，常利用与主体固有色形成对比关系的背景色突出主体，让画面视觉冲击力强烈、富有跳跃性。图1-29所示为使用冷色调的绿色背景与暖色调的橙色商品主体形成的对比效果。

● **色彩面积对比**。各种色彩在画面中所占面积不同，呈现出来的对比效果就不同。图1-30所示为使用大面积的背景颜色与小面积的商品颜色进行对比，呈现出平衡视觉、强调商品、突出视觉中心的效果。

图 1-29

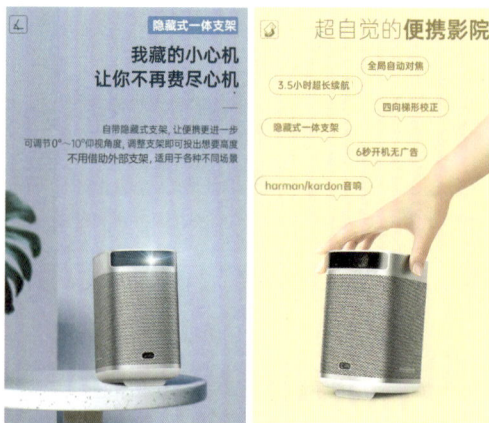

图 1-30

2. 色彩搭配

在色彩搭配中，主色、辅助色与点缀色是 3 种具有不同功能的颜色，具体介绍如下。

- **主色**。主色是页面中占用面积最大、最吸引消费者的颜色，它决定了网店的整体风格。但页面中的主色不宜过多，一般控制在 1 ~ 3 种，主色过多容易让消费者产生视觉疲劳。主色不是随意选择的，需要网店美工系统地分析网店目标消费者的心理特征，找到他们易于接受的色彩。例如，水果类网店适合选择绿色、黄色和橙色等比较清新的颜色作为主色。

- **辅助色**。辅助色在页面中的占用面积小于主色，用于烘托主色。合理应用辅助色能丰富页面的色彩，使页面更加完整、美观。

- **点缀色**。点缀色是指页面中占用面积小、比较醒目的一种或多种色彩。合理应用点缀色，可以起到画龙点睛的作用，使页面的主次更加分明、富有变化。

在搭配色彩时，不能随意进行搭配，需要遵循一定的比例与步骤。网店视觉设计色彩搭配的黄金比例为"70∶25∶5"，即主色占页面的 70%，辅助色占页面的 25%，点缀色占页面的 5%。网店视觉设计色彩搭配的步骤为：先根据网店风格、商品类别选择占用大面积的主色，然后根据主色选择辅助色与点缀色，达到突出页面重点、平衡视觉的效果。图 1-31 所示为主色、辅助色与点缀色的应用示例。

↘ 活动4　文字

合理的色彩搭配可以使网店的视觉效果更加生动，而合理的文字搭配能够增强网店的视觉效果，更直观地向消费者传递网店的商品信息，引导消费者完成商品的浏览与购买。如何根据不同的需求选择合适的字体呢？确定字体后怎么布局文字呢？小艾带着这些问题请教老李，老李分了两个步骤进行回答。

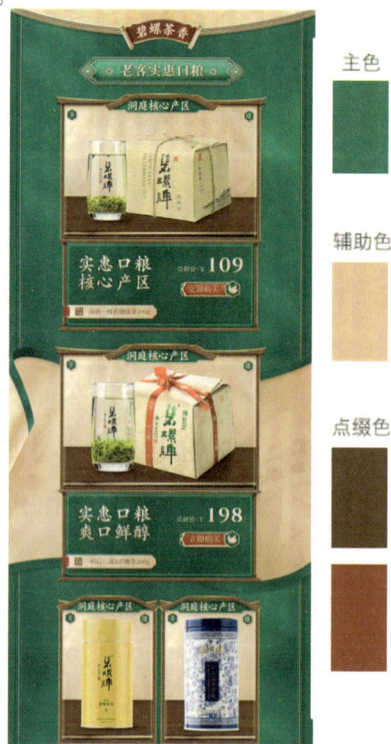

图 1-31

1. 字体的选择

不同的字体具有不同的特征，需要根据商品的特征选择对应的字体。

● **书法体**。书法体具有古朴秀美、历史悠久的特征，常用于古玉、茶叶、笔墨等古典气息浓厚的中国风网店视觉设计与制作中。常见的书法体有行书字体、草书字体、隶书字体、篆书字体、楷书字体等。图 1-32 所示为书法体在月饼详情页中的应用。

● **宋体**。宋体是网店页面中应用较广泛的字体，其笔画横细竖粗，起点与结束点有额外的装饰部分；外形纤细、优雅，具有浓厚的文艺气息。方正大标宋不仅具备宋体的秀美特征，还具备黑体的醒目特征，经常用于女性用品宣传图的设计中。此外，书宋、大宋、中宋、仿宋、细仿宋等也是常用的宋体。图 1-33 所示为宋体在传统工艺品网店首页中的应用。

图 1-32

图 1-33

📝 经验之谈

在鲜花、珠宝配饰、护肤品、化妆品等以女性为目标消费者的商品宣传图的设计中，网店美工一般采用纤细、秀美、时尚、线条流畅、有粗细变化的字体，如宋体、方正中倩简体、方正纤黑简体、张海山锐线体简、方正兰亭黑简体等。

● **黑体**。黑体笔画粗细一致、粗壮有力、效果突出、醒目，具有强烈的视觉感，商业气息浓厚，常用于促销广告、导航条，以及车、剃须刀、重金属饰品、竞技游戏、足球等目标消费者为男性的商品宣传图的设计中。常用的黑体有粗黑、大黑、中黑、雅黑等。图1-34所示为黑体在网店促销海报中的应用。

● **艺术体**。艺术体具有活泼、可爱、调皮等特征，多用在零食、玩具、童装、点读机、漫画等以儿童为目标消费者的网店视觉设计中。常见的艺术体有汉仪娃娃篆简、方正胖娃简体、方正少儿简体、滕祥孔森卡通简体等。此外，艺术体还可以将文字的笔画涂抹变形，或用花瓣、树枝等拼凑成各种图形化文字的效果，其装饰性强，主要用于网店海报设计，可以有效提升网店的艺术品位，如图1-35所示。

图1-34

图1-35

2. 文字的布局技巧

确定页面中应用的字体后，还需要对文字进行布局。文字的布局对画面的空间、结构、韵律都很重要，可以让画面更加美观。

● **文字的统一**。在进行文字的编排时，需要把握文字的统一性，使文字的字体、粗细、大小和颜色在搭配组合上产生关联，这样才不会使画面显得松散、杂乱。

● **字体的搭配与变化**。在排版文案时，使用2～3种匹配度高的字体能呈现出最佳的视觉效果。字体过多会产生零乱的感觉，缺乏整体性，容易分散消费者的注意力，使消费者产生视觉疲劳。另外，可考虑通过加粗、变细、拉长、压扁或调整行间距等操作变化字体，使文字产生丰富多彩的视觉效果。

● **文字的层次布局**。在网店视觉设计与制作中，文案的显示并非简单的文字堆砌，而是有层次的布局，通常按重要程度设置文本的显示级别，引导消费者按顺序浏览文案，此情况下首先展示的是该商品要强调的重点。在进行文字的布局时，可利用文字的字体、粗细、大小与颜色的对比设置文本的显示级别。图1-36所示的网店海报先通过白色的大字号文字突出"天猫家装季预售"的主题，然后使用白色文字搭配红色底纹强调优惠力度，最后使用较小的黑色文字显示其他信息。

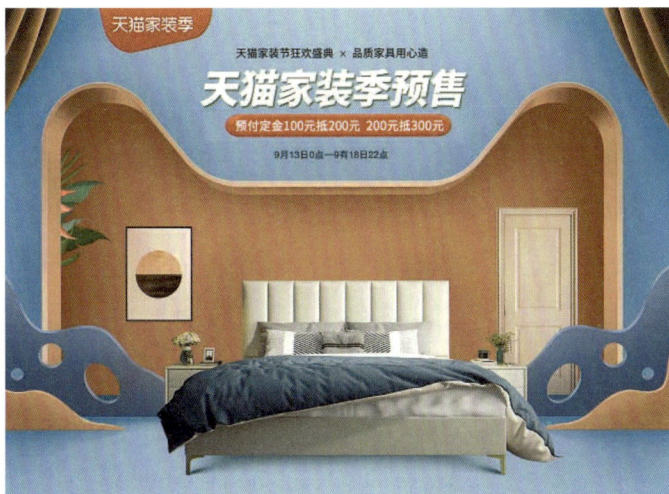

图 1-36

同步实训——鉴赏网店首页的视觉设计

实训要求

各大电商平台中有不计其数的网店，每个能够屹立不倒的网店都有独到之处。对优秀的网店视觉设计与风格进行分析和学习，能够更好地提升自己的网店视觉设计与制作能力。本实训将对淘宝网某家用电器类网店的视觉设计进行鉴赏，分析其构图、布局、配色和文字设计等方面的内容。

图 1-37 所示为"美的空调旗舰店"网店首页，该页面采用了夏日清凉的色调和促销氛围，明确写出了网店的经营范围、主要商品及优惠活动，图文并茂、色彩丰富，整个页面清新自然，可使消费者产生继续浏览的欲望。

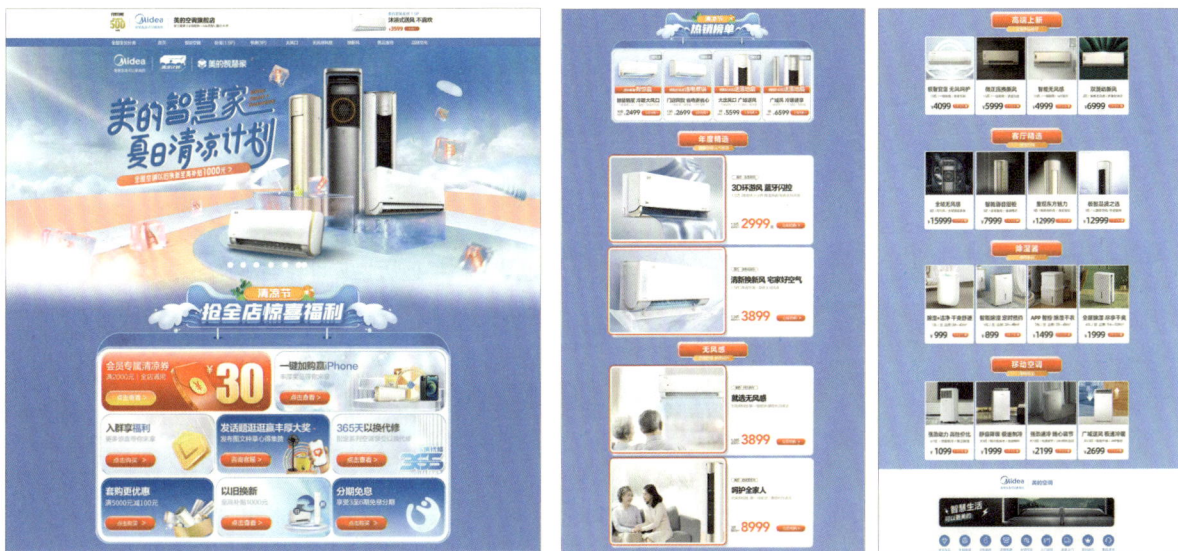

图 1-37

实训提示

- **步骤01** 通过观察，该网店首页的整体配色以蓝色为主色、白色为辅助色，整体视觉效果十分清爽，符合空调的凉爽之感；红色的点缀色很好地凸显了促销信息，能够吸引消费者视线。这种配色充分体现了该网店的核心卖点之一——"清凉计划"。

- **步骤02** 首页页头的下方紧跟分类导航，便于消费者进行浏览和选择。不同于页头的白色背景，分类导航采用了蓝色背景、白色文字，这两种颜色的对比度较高，清晰地呈现了网店的商品类别，看起来既清楚又专业。

- **步骤03** 分类导航下方是网店促销海报，该海报采用了疏密相间构图，文字和商品图片集中在画面中央，周围散布着促销装饰元素、品牌Logo等。该海报以蓝色为主色，在蓝色的明度和纯度上进行了一系列变化，整张海报的配色丰富且协调。该海报的标题采用了艺术体，将文字的笔画涂抹变形，并通过合理的文字布局有效区分了信息层级。

- **步骤04** 网店促销海报的下方依次放置了"抢全店惊喜福利""热销榜单""年度精选""无风感""高端上新""客厅精选""除湿器""移动空调"8个板块，这些板块使用的是居中对齐式布局。每个板块内部均采用了模块式布局，模块大小不一，富有层次感。

- **步骤05** 该首页中的商品图片主要采用了横向构图、竖向构图和对角线构图，合理利用构图的特点全面地展示了横向、竖向的家用电器，以及家居场景。这些商品以白色为主，商品背景色多为中饱和度的色彩，与首页整体色彩的搭配十分协调，营造出温馨、舒适的居家氛围，充分体现了另一个核心卖点——"智慧家"。

- **步骤06** 首页最下方为页尾，在图标和文字设计方面保留了蓝色调，通过白色和浅灰色背景明确了板块位置，整体视觉效果相较于上方较暗，展现了正品保障、安装服务、售后保障等重要内容，并再次强调了"智慧生活"的品牌理念，体现了该品牌低调、有内涵的特点。

▌项目小结

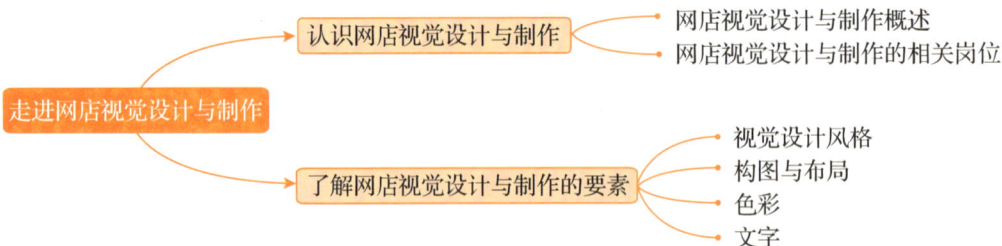

项目二
掌握视觉设计与制作核心技能

　　培训结束后，小艾成功转正，正式成为一名网店美工。由于公司的客户较多，收到的商品图片类型也多种多样，这些商品图片常常有尺寸或格式不符合电商平台要求、色调与商品本身存在偏差、瑕疵和水印等问题，因此，老李安排小艾处理商品图片中的问题，让小艾进一步加强视觉设计与制作的核心技能，为后续开展主图、首页、详情页的设计与制作打好基础。

➡ 知识目标

- 掌握视觉设计与制作的基础技法。
- 掌握精修商品图片的方法。

➡ 技能目标

- 能够调整商品图片的大小和色彩。
- 能够将商品图片存储为需要的格式。
- 能够抠取、合成、修复、优化商品图片。

➡ 素养目标

- 提升对商品图片的审美。
- 提升对商品图片调色的能力。
- 培养精益求精的工作态度。

任务一 掌握基础技法

任务描述

使用专业的图像处理软件 Photoshop 处理商品图片是网店美工应该具备的基本技能之一。小艾从老李处获取了近期需要处理的商品图片，大致浏览后，她发现这些商品图片类型丰富，但存在大小不合适、偏色、格式不正确等问题。为此，小艾需要对这些问题进行处理，使这些商品图片能直接用于网店视觉设计与制作。

任务实施

活动1 调整图片大小

网店视觉设计与制作相关的图片对尺寸有固定的要求。小艾发现从老李处获取的商品图片中有一些图片的尺寸太大，不符合实际需要，便决定按照尺寸要求调整图片大小。

1. 了解常见的图片类型及其尺寸和格式要求

不同的平台以及网店的不同模块对图片尺寸的要求是不同的，网店视觉设计与制作中需要用到首页、主图、商品详情页等图片，这些图片一般都有尺寸要求或者格式要求，了解这些要求是调整图片的前提。表2-1所示为常见的图片类型及其尺寸和格式要求。

表2-1 常见的图片类型及其尺寸和格式要求

平台	图片类型	尺寸要求	支持的图片格式
淘宝	主图	800像素×800像素	JPG、PNG、GIF
	直通车图	800像素×800像素	JPG、PNG、GIF
	引力魔方图	640像素×200像素、520像素×280像素、170像素×200像素、375像素×130像素、168像素×175像素	JPG、PNG、GIF
	默认店招	950像素×120像素	JPG、PNG、GIF
	全屏店招与导航	1920像素×150像素（其中导航尺寸为1920像素×30像素）	JPG、PNG、GIF
	全屏轮播海报	宽度为1920像素，高度建议400像素～800像素	JPG、PNG、GIF
	商品详情页	宽度为750像素，高度不限	JPG、PNG、GIF
天猫	商品详情页	宽度为790像素或750像素，高度不限	JPG、PNG、GIF
唯品会	首页	宽度为1920像素，高度不限	JPG
	主图	950像素×1200像素、1200像素×1200像素	JPG
	商品详情页	宽度为750像素，高度不限	JPG
京东	首页	宽度为1920像素，高度不限	JPG、PNG、GIF
	商品详情页	宽度为790像素，高度不限	JPG、PNG、GIF
	主图	800像素×800像素	JPG、PNG、GIF

2. 按照规定比例裁剪图片

　　在需要处理的商品图片中，小艾发现其中一张女包图片的色彩与构图十分美观，适合作为淘宝商品主图，但该图片的长宽比不符合主图要求，小艾准备使用 Photoshop 中的"裁剪工具"按 1:1 的比例裁剪该图片，具体操作如下。

● **步骤 01**　启动 Photoshop，在欢迎界面中单击 打开 按钮，打开"打开"对话框，选择"女包 .jpg"素材（配套资源 :\ 素材 \ 项目二 \ 女包 .jpg），如图 2-1 所示，单击 打开(O) 按钮。

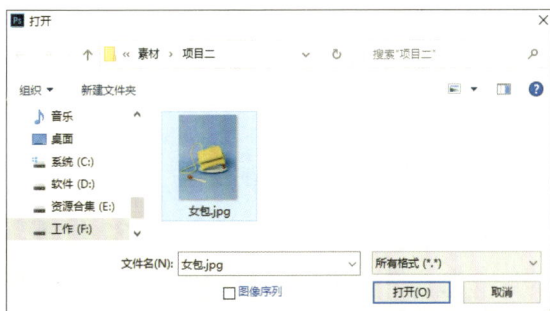

微课：按照规定
比例裁剪图片

图 2-1

● **步骤 02**　在图像编辑区查看打开的女包图片，如图 2-2 所示。

● **步骤 03**　选择"裁剪工具" 🔪，在工具属性栏的"裁剪方式"下拉列表中选择"1:1（方形）"选项，如图 2-3 所示。

图 2-2

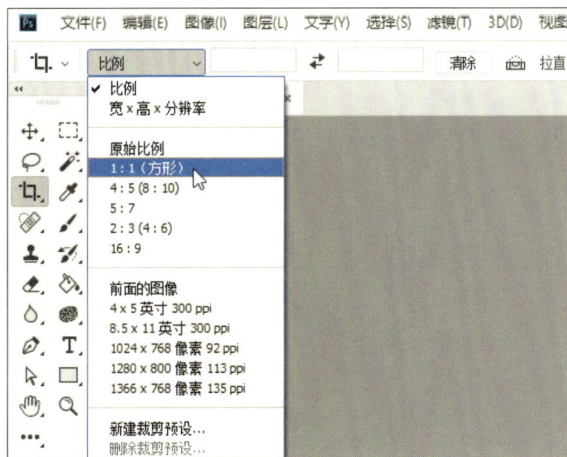

图 2-3

● **步骤 04**　此时，图像编辑区将显示裁剪位置，将鼠标指针移动到需保留的图片区域边缘，按住鼠标左键不放并向上拖曳鼠标，调整需保留的图片区域，如图 2-4 所示。

✐ 经验之谈

　　裁剪图片时，可在工具属性栏中直接输入裁剪后的比例，也可在"裁剪方式"下拉列表中选择"宽×高×分辨率"选项，在选项右侧依次输入需要的宽度、高度与分辨率。

● **步骤 05**　按【Enter】键完成裁剪，效果如图 2-5 所示。

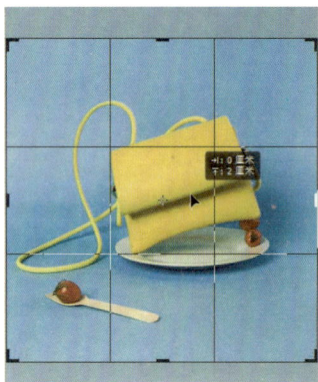
图 2-4

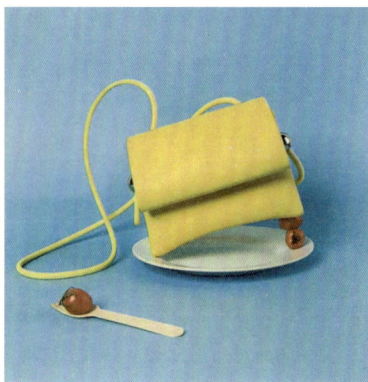
图 2-5

3. 调整图片至合适大小

　　虽然此时女包图片的比例已经符合要求，但淘宝商品主图的尺寸为 800 像素 ×800 像素，且网店视觉设计中的图像分辨率一般为 72 像素 / 英寸，该女包图片的尺寸过大。因此，小艾准备应用"图像大小"命令调整图片至合适大小，具体操作如下。

● **步骤 01**　选择"图像"/"图像大小"命令或按【Alt+Ctrl+I】组合键，打开"图像大小"对话框。

● **步骤 02**　在"分辨率"数值框右侧的下拉列表中选择"像素 / 英寸"选项，在"分辨率"数值框中输入"72"，此时"宽度""高度"数值框中的值自动等比例调整为"750"，重新在"宽度""高度"数值框中都输入"800"，如图 2-6 所示。

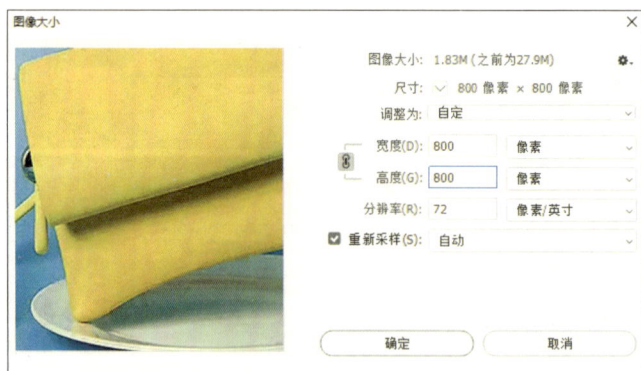
图 2-6

● **步骤 03**　单击 确定 按钮确认设置，按【Ctrl+S】组合键保存文件（配套资源 :\ 效果 \ 项目二 \ 女包 .jpg）。

↘ 活动2　调整图片色彩

　　一般情况下，商品图片在拍摄后需要调色，因为光线、拍摄角度、背景等可能导致拍摄的商品图片无法展现出商品的真实颜色。为了还原商品的真实颜色，网店美工应具备调整图片色彩的技能。因此，小艾需要按照图片调色原则，调整商品图片的色彩，还原商品的真实效果，使图片更加美观。

1. 熟悉图片调色原则

　　为了使图片满足网店视觉设计与制作的需要，网店美工在为图片调色时需要遵循以下 3 个调色原则。

● **遵循感情色彩调色**。不同的色彩可以表达不同的感情，如红色对应外向、热情，黄色对应活泼、温暖，绿色对应清新、自然。遵循感情色彩调色，可以使图片看上去更加和谐。图 2-7 所示为茶叶图片调色前后的对比效果，茶叶图片的感情色彩应该是清新淡雅、朴实自然的，上图的色彩没有表达出这些感情，而下图增强了整体的亮度与对比度，并添加了绿色调，这样的调整使图片既遵循了感情色彩调色原则，看上去又生机盎然。

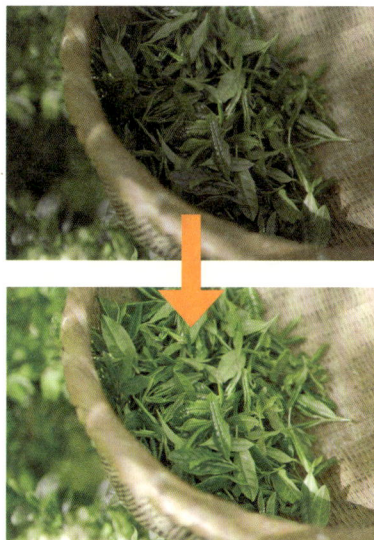

图 2-7

● **整体色调自然**。整体色调自然一般是指图片中的色彩调配、色彩的浓淡程度都合适，图片色彩与商品相互呼应，单张图片的色彩和整体页面的色彩搭配和谐。图 2-8 所示为某网店的商品图片，虽然商品种类不同，但整体色调都选用了暖色调，营造出一种温暖、新鲜、香甜的氛围。

图 2-8

● **色彩不失真**。为商品图片调色是希望优化图片效果，达到吸引消费者的目的，从而实现商品的推广。在调整商品图片的色彩时，要把握好度，保证图片既有美感，又不失真，在此基础上再进一步优化色彩效果。

2. 调整偏色的商品图片

　　调整偏色的商品图片可以恢复商品本身的颜色，减小图片与商品真实颜色的差异。为避免引起消费者的质疑，针对西红柿农产品图片的偏色问题，小艾准备使用"色彩平衡""色相/饱和度""可选颜色"等命令进行调整，具体操作如下。

微课：调整偏色的商品图片

● **步骤01**　打开"西红柿.jpg"素材（配套资源:\素材\项目二\西红柿.jpg），如图 2-9 所示，可发现图片整体色调偏青色，其中的西红柿偏黄色。

23

经验之谈

图片偏色问题十分常见，如在阴天拍摄的图片会偏淡蓝色，在室内钨丝灯的照射下拍摄的图片会偏黄色，底片本身也可能导致图片偏色。通过减小偏色的比例，或增加该偏色的互补色，可以将偏色图片调整至正常状态，常见的互补色有红色与青色、洋红色与绿色、蓝色与黄色。

● **步骤 02** 在"图层"面板底部单击"创建新的填充或调整图层"按钮，在打开的菜单中选择"色彩平衡"命令，打开"色彩平衡"属性面板，在"色调"下拉列表中选择"中间调"选项，参数设置如图 2-10 所示，减小中间调中黄色的比例。

● **步骤 03** 在"色调"下拉列表中选择"高光"选项，参数设置如图 2-11 所示，减小高光中黄色和青色的比例，以校正偏青色现象。

 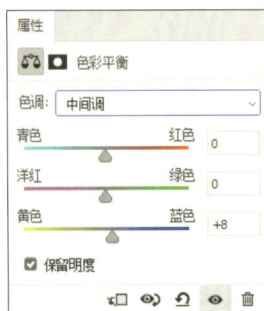 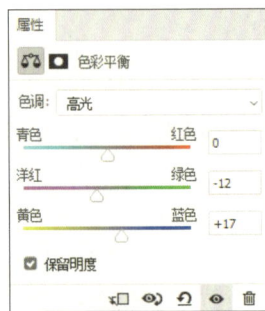

图 2-9　　　　　　　图 2-10　　　　　　　图 2-11

● **步骤 04** 在"色调"下拉列表中选择"阴影"选项，参数设置如图 2-12 所示，效果如图 2-13 所示。

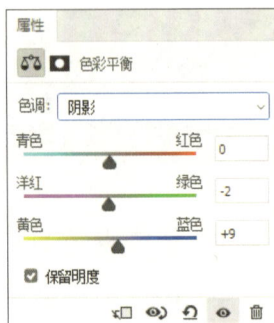 

图 2-12　　　　　　　图 2-13

经验之谈

选择"图像"/"调整"/"色彩平衡"命令，在打开的"色彩平衡"对话框中也可以调整图像的色彩平衡。调整命令直接作用于图像本身，而使用调整图层可以在不影响原图像的基础上保存调整效果。

● **步骤 05** 在"图层"面板底部单击"创建新的填充或调整图层"按钮，在打开的菜单中选择"色相/饱和度"命令，打开"色相/饱和度"属性面板，在"预设"下方的下拉列表中选择"红色"选项，参数设置如图 2-14 所示，增加红色的饱和度。

- 步骤 06 在"预设"下方的下拉列表中选择"黄色"选项，参数设置如图 2-15 所示，减小黄色的饱和度。

- 步骤 07 在"预设"下方的下拉列表中选择"绿色"选项，参数设置如图 2-16 所示，增加绿色的饱和度，效果如图 2-17 所示。

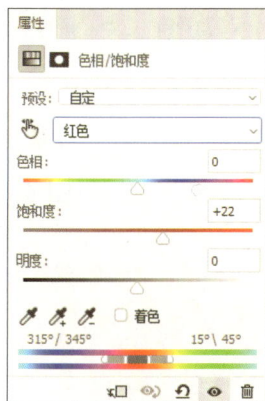
图 2-14

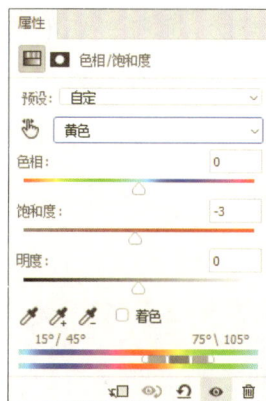
图 2-15

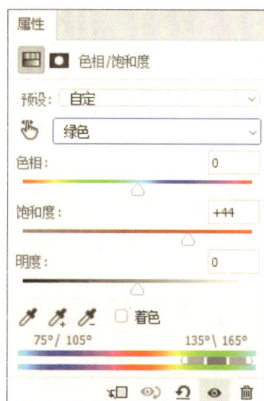
图 2-16

图 2-17

- 步骤 08 在"图层"面板底部单击"创建新的填充或调整图层"按钮，在打开的菜单中选择"可选颜色"命令，打开"可选颜色"属性面板，在"颜色"下拉列表中选择"黄色"选项，参数设置如图 2-18 所示，减小黄色的比例。

✏ 经验之谈

调整可选颜色就是基于CMYK模式的原理进行调色。例如，绿色由青色和黄色混合而成，因此对于偏黄色的植物，可在黄色中增大青色的比例，使其变绿；蓝色由青色和洋红色混合而成，因此想让天空变蓝，可在青色中增大洋红色的比例。

- 步骤 09 在"图层"面板底部单击"创建新的填充或调整图层"按钮，在打开的菜单中选择"曲线"命令，打开"曲线"属性面板，在曲线中单击插入控制点，曲线调整如图 2-19 所示，增加图片亮度，使不同颜色之间的过渡更加自然，让西红柿看起来更加新鲜。

- 步骤 10 按【Ctrl+S】组合键保存文件（配套资源:\效果\项目二\西红柿 .psd），最终效果如图 2-20 所示。

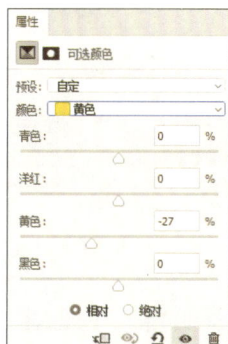
图 2-18

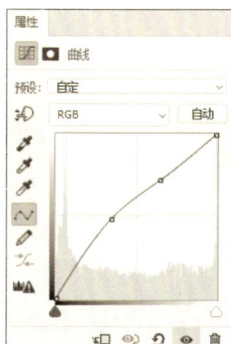
图 2-19

图 2-20

3. 调整曝光不足的商品图片

图片曝光不足大多是因为拍摄商品时亮度不足，所以在校正曝光不足的图片时需要解决亮度问题。小艾发现了一张曝光不足的风扇图片，需要使用"亮度 / 对比度""曲线""色阶"等命令进行调整，具体操作如下。

- **步骤 01** 打开"风扇 .jpg"素材（配套资源 :\ 素材 \ 项目二 \ 风扇 .jpg），如图 2-21 所示，可发现图片整体色调偏暗，没达到实际场景的亮度，同时暗部细节较少。

- **步骤 02** 在"图层"面板底部单击"创建新的填充或调整图层"按钮，在打开的菜单中选择"亮度 / 对比度"命令，打开"亮度 / 对比度"属性面板，设置"亮度""对比度"分别为"20""17"，效果如图 2-22 所示。

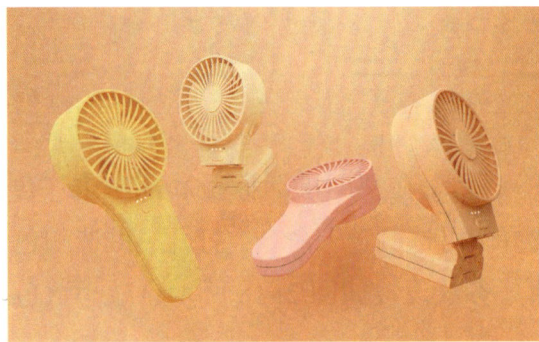

图 2-21   图 2-22

- **步骤 03** 在"图层"面板底部单击"创建新的填充或调整图层"按钮，在打开的菜单中选择"曲线"命令，打开"曲线"属性面板，在曲线中单击插入控制点，然后向上拖曳该控制点，如图 2-23 所示。

- **步骤 04** 在"图层"面板底部单击"创建新的填充或调整图层"按钮，在打开的菜单中选择"色阶"命令，打开"色阶"属性面板，参数设置如图 2-24 所示。

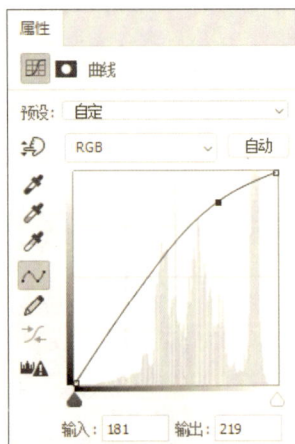
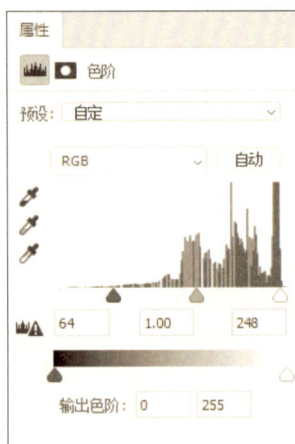

图 2-23   图 2-24

- **步骤 05** 按【Ctrl+S】组合键保存文件（配套资源 :\ 效果 \ 项目二 \ 风扇 .psd），最终效果如图 2-25 所示。

4. 替换商品图片颜色

如果对商品图片中的某些颜色不满意，那么可以在后期修图时将该颜色替换为其他颜色，并对替换后的颜色的色相、饱和度和亮度进行调整。为了让吹风机图片更加美观，小艾准备使用"替换颜色"命令将吹风机图片的颜色调整成协调的色彩，具体操作如下。

微课：替换商品
图片颜色

- **步骤01** 打开"吹风机.jpg"素材（配套资源:\ 素材 \ 项目二 \ 吹风机.jpg），如图 2-26 所示，可发现背景为浅蓝色、橙色两种颜色，但橙色与商品的整体氛围不搭，需要将其替换为更加清新的蓝色。

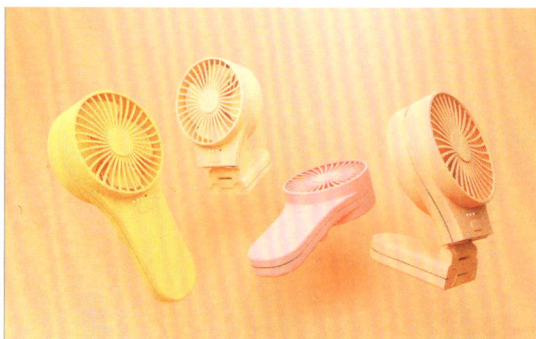

图 2-25

图 2-26

- **步骤02** 按【Ctrl+J】组合键复制"背景"图层，选择"图像"/"调整"/"替换颜色"命令，打开"替换颜色"对话框，勾选"本地化颜色簇"复选框，这样就可以选择连续的、相似的颜色，然后在图像编辑区的橙色区域中单击取样，并设置"颜色容差""色相""饱和度""明度"分别为"92""+156""-29""+11"，如图 2-27 所示。

- **步骤03** 单击 确定 按钮，效果如图 2-28 所示，按【Ctrl+S】组合键保存文件（配套资源:\ 效果 \ 项目二 \ 吹风机.psd）。

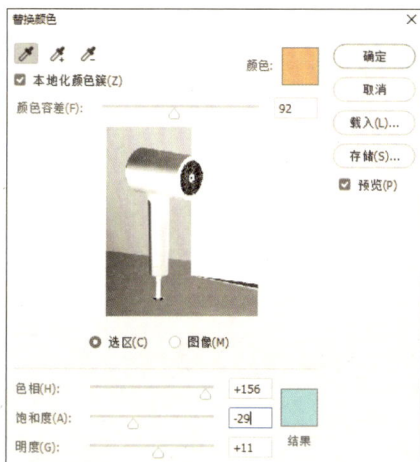

图 2-27

图 2-28

素养小课堂

虽然使用Photoshop替换颜色非常方便，但是尽量不要随意替换商品本身的颜色。若要替换，则需要严格依据商家提供的商品设计色卡或样品对应的颜色，在Photoshop中使用多种调色命令调整出最接近的商品颜色。即使一次调色无法达到预期效果，网店美工也应秉持专业、耐心的工作态度，通过多次调整实现预期效果。

↘ 活动3 存储图片

小艾发现客户提供的图片有多种格式，使用 Photoshop 调整图片后存储图片的格式可能会发生变化，而且不同电商平台要求的图片格式不同，因此需要先了解网店视觉设计与制作中常见的图片格式，然后选择合适的格式存储图片。

1. 了解常见的图片格式

图片格式是图片文件的存储格式。在网店视觉设计与制作中，常用的图片格式有以下几种。

- **RAW 格式**。RAW 格式是商品摄影图片的常用格式，能保存本地拍摄数据，让网店美工可以对图片进行大幅度的修改，而且无论修图时有什么改动，图片都能无损地恢复到最初状态，不会因意外存储而造成图片数据的损失。RAW 格式还有一个好处，即可以通过 Photoshop 等图像处理软件解决镜头的失光、变形等问题。

- **JPEG 格式**。JPEG 格式是拍摄、处理和发布商品图片时的常用格式之一，该格式文件的扩展名有 ".jpg" 和 ".jpeg" 两种。JPEG 格式属于有损压缩格式，能够将图像压缩在很小的存储空间中，减小文件的体积，但在一定程度上会造成图像数据的损失。

- **PNG 格式**。PNG 格式一般是在处理图像后需要保留透明像素的情况下应用，该格式能够保留较多的图像细节。虽然 PNG 格式的文件会比 JPEG 格式的文件大，但 PNG 格式支持透明或者半透明效果。

- **GIF 格式**。GIF 格式（图形交换格式）通常用于显示 HTML 文档中的索引颜色图形和图像，能够压缩文件并减少文件的传输时间。GIF 格式可以保留索引颜色图像中的透明度，但不支持 Alpha 通道。

- **PSD 格式**。PSD 格式是处理图片时的常用格式，也是图像处理软件 Photoshop 的专用格式。PSD 格式支持图像全部的颜色模式，可以保留图层、通道、遮罩等多种信息，以便下次打开文件时能修改上一次保留的设计，也便于其他软件使用该文件。

2. 直接存储图片

在 Photoshop 中打开图片进行处理后，若没有增加任何图层，则可以选择 "文件" / "存储" 命令或按【Ctrl+S】组合键，直接存储文件，存储后的文件将覆盖原来的图片文件。

若处理图片后图层增加了，则可以　选择 "文件" / "存储" 命令或按【Ctrl+S】组合键，也可以选择"文件"/"存储为"命令或按【Ctrl+Shift+S】组合键，都将打开"另存为"对话框，如图 2-29 所示，设置好文件名、保存类型、存储位置后，单击 保存(S) 按钮，存储图片。

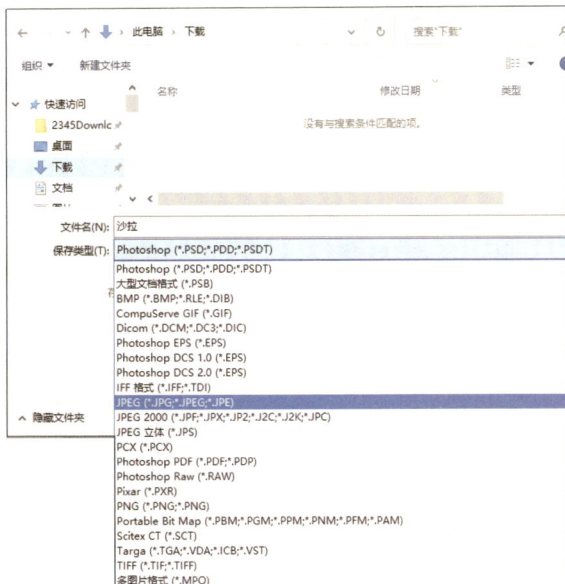

图 2-29

✏️ **经验之谈**

当处理图片后图层增加了，Photoshop将默认图片另存为PSD格式，但若需要输出主图、海报、Banner等单张图片，则建议先另存一份PSD格式的源文件，以便之后进行修改，再将图片另存为电商平台支持的格式，如JPG、PNG、GIF格式。

3. 切片优化后存储

在老李处获取的图片中，除了商品图片外，还有网店首页、商品详情页的设计效果图，这两类图片通常是网店美工使用 Photoshop 制作的，其页面风格统一、整体效果较好，但图片尺寸过大，无法直接上传并应用于电商平台，所以小艾需要先对这些图片进行切片优化，再存储为平台要求的格式，具体操作如下。

微课：切片优化后存储

● **步骤 01** 打开"茶叶首页 .jpg"素材（配套资源 :\ 素材 \ 项目二 \ 茶叶首页 .jpg），按【Ctrl+R】组合键显示标尺，然后在标尺上按住鼠标左键不放并拖曳鼠标，创建参考线，如图 2-30 所示。

● **步骤 02** 选择"切片工具"🔪，在工具属性栏中单击 基于参考线的切片 按钮，Photoshop 将根据参考线的划分创建切片，效果如图 2-31 所示。

● **步骤 03** 选择"切片选择工具"🔪，按住【Shift】键不放，在图像编辑区顶部连续选中第 1、2、3 张切片，在这 3 张切片区域中单击鼠标右键，在弹出的快捷菜单中选择"编辑切片选项"命令，打开"切片选项"对话框，设置"名称"为"茶叶首页 _ 店招与导航"，在"尺寸"栏中可查看切片的尺寸，如图 2-32 所示，单击 确定 按钮。

图 2-30

图 2-31

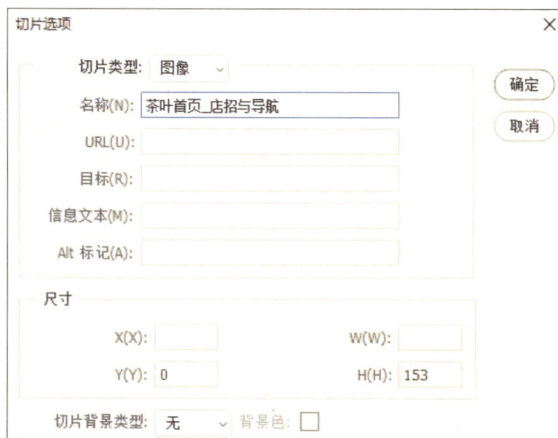

图 2-32

✏️ **经验之谈**

　　对图片进行切片后，切片成功的图片周围将显示蓝色的边框，且每个边框的左上角都标注了切片的编号。若切片为灰色，则表示该切片不能存储，需要重新切割。

● **步骤04**　使用与步骤03相同的方法，将第4～9张切片命名为"茶叶首页_首屏海报"，将第10～12张切片命名为"茶叶首页_优惠券"，将第13～18张切片命名为"茶叶首页_单品推广海报"，将第22～24张切片命名为"茶叶首页_页尾"。

● **步骤05**　由于第19～21张切片仍然较大，不便于优化输出，因此还需继续对其切片。选择"切片工具" ✐，单击第19张切片的左上角，按住鼠标左键不放并向右下方拖曳，如图2-33所示，灰色虚线框即新建切片的范围。

● **步骤06**　释放鼠标左键，完成切片的创建，新切片周围将显示黄色实线框，如图2-34所示。

图 2-33

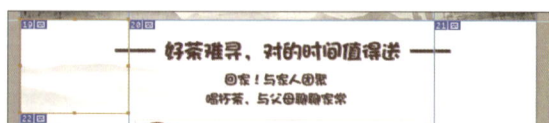

图 2-34

使用"切片选择工具" ▨ 选择需要划分的切片，在该切片中单击鼠标右键，在弹出的快捷菜单中选择"划分切片"命令，在打开的"划分切片"对话框中可将切片水平或垂直划分为多张高度或宽度均等的切片。

● **步骤07** 使用与步骤05、步骤06相同的方法，按照尽量完整展现板块小标题和茶叶模块的原则进行切片，效果如图2-35所示，然后将这部分切片命名为"茶叶首页_商品促销板块"。

● **步骤08** 完成对首页的切片后，选择"文件"/"导出"/"存储为Web所用格式（旧版）"命令，打开"存储为Web所用格式"对话框，在其中显示准备优化的图像，单击"优化"选项卡，然后按住【Shift】键不放，在预览区中依次选中所有切片，使所有切片的轮廓均处于黄色实线框状态；在对话框右侧设置"优化的文件格式""压缩品质"分别为"JPEG""高"，如图2-36所示。

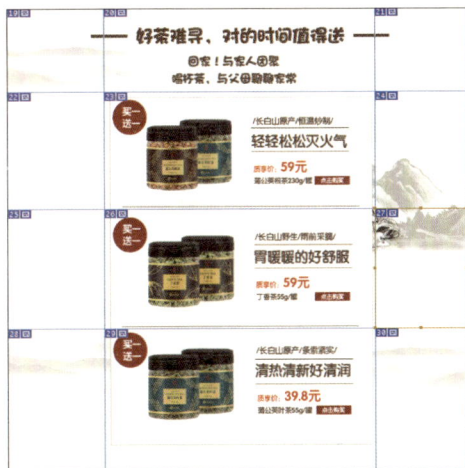

图2-35

● **步骤09** 单击 存储… 按钮，打开"将优化结果存储为"对话框，设置"文件名""格式"分别为"茶叶首页.html""HTML和图像"，选定存储路径后，如图2-37所示，单击 保存(S) 按钮，完成优化后首页图片的存储（配套资源:\效果\项目二.\images、茶叶首页.html）。

图2-36

图2-37

对图片进行切片或优化后，图片的保存格式不同，图片大小也会不同，一般保存为JPG格式和GIF格式。其中，JPG格式常用于保存色彩丰富的实物图片，可以达到品质高、图像小的效果；而GIF格式用于保存色彩数少于256种的图片。

● **步骤10** 打开存储文件的文件夹，可以看到"茶叶首页.html"网页和"images"文件夹，双击"images"文件夹，在打开的窗口中可查看切片后的图片效果，如图2-38所示。

● **步骤 11**　返回 Photoshop，选择"文件"/"存储为"命令，打开"另存为"对话框，"文件名""保存类型"的设置如图 2-39 所示。选定存储路径后，单击 保存(S) 按钮，以便下次在 Photoshop 中打开"茶叶首页（包含切片）.jpg"文件 [配套资源 :\ 效果 \ 项目二 \ 茶叶首页（包含切片 .jpg）] 时，之前制作的切片仍然存在。

图 2-38

图 2-39

任务二　精修商品图片

任务描述

　　网店美工除了要掌握处理图片的基本技能外，还必须具备精修商品图片的能力，通过各种工具对商品图片中的瑕疵进行处理，使商品图片更美观。小艾需要进一步查看老李交给她的商品图片，对背景不美观的商品图片进行处理：将主体物抠取出来替换背景，并修饰和优化有瑕疵的商品图片，增强商品图片的质感。

知识窗

网店美工在精修商品图片时，可以通过合成图像制作出美观、具有视觉吸引力的效果，制作这样的效果通常需要用到"图层"面板中的图层混合模式、图层不透明度、图层蒙版、图层填充等功能。

1. 图层与"图层"面板

在 Photoshop 中合成图像时，可通过在"图层"面板中操作图层来实现。选择"窗口"/"图层"命令即可打开"图层"面板，如图 2-40 所示。

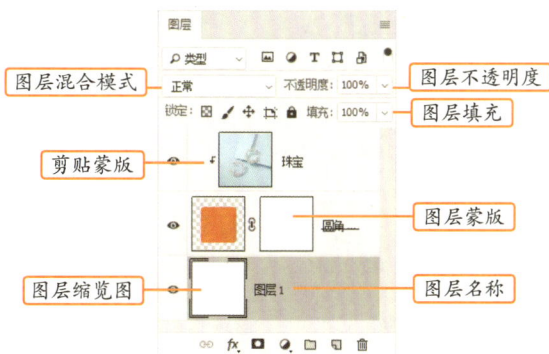

拓展知识：27种
图层混合模式

图 2-40

"图层"面板主要用于存放和操作图层，图层由图层缩览图和图层名称组成，图层与图层之间是叠加的，若上面的图层无内容，则可以透过上面的图层看到下面图层的内容；若上面的图层有内容，则会遮挡下面图层的内容。网店美工可通过图层的叠加丰富画面内容，使整个画面形成复合叠加效果。

- **图层缩览图**。用于显示图层中包含的图像内容。其中，棋格区域为透明区域。

- **图层名称**。用于显示该图层的名称，当"图层"面板中有很多图层时，为图层命名可快速找到需要的图层。

- **图层混合模式**。图层混合模式将上方图层与下方图层的像素以某种方式进行混合，从而得到新的显示效果。Photoshop 提供了 27 种图层混合模式。

- **图层不透明度**。设置某图层不透明度，可以控制该图层中图像的显示程度，从而决定下方图层中图像的显示程度。不透明度为 1% 的图层几乎是透明的，而不透明度为 100% 的图层是完全不透明的。

- **图层填充**。用于设置当前图层的填充不透明度。调整填充不透明度时，图层样式不会受到影响。

- **图层蒙版**。图层蒙版是指遮盖在图层上的一层灰度遮罩，可用于控制图像在图层中的显示区域。在"图层"面板上选中要创建蒙版的图层，单击面板底部的"添加图层蒙版"按钮▢，即可为该图层创建图层蒙版。

- **剪贴蒙版**。剪贴蒙版通过下方图层的形状来限制上方图层的显示状态，可通过一个图层控制多个图层的可见内容。在"图层"面板中选中要创建剪贴蒙版的图层，拖曳该图层到用于限制形状的图层上方，再单击鼠标右键，在弹出的快捷菜单中选择"创建剪贴图层"命令（或按【Alt+Ctrl+G】组合健），即可将该图层创建为下方图层的剪贴蒙版。

2. 图层样式

在 Photoshop 中，运用图层样式可为除"背景"图层以外的图层中的图像添加立体投影、质感和光影等效果。选择图层后，在"图层"面板底部单击"添加图层样式"按扭 fx，或者选择"图层"/"图层样式"命令，打开"图层样式"子菜单，在子菜单中选择需要的命令，打开对应的对话框，设置参数，即可为该图层添加图层样式，如图 2-41 所示。下面介绍各图层样式。

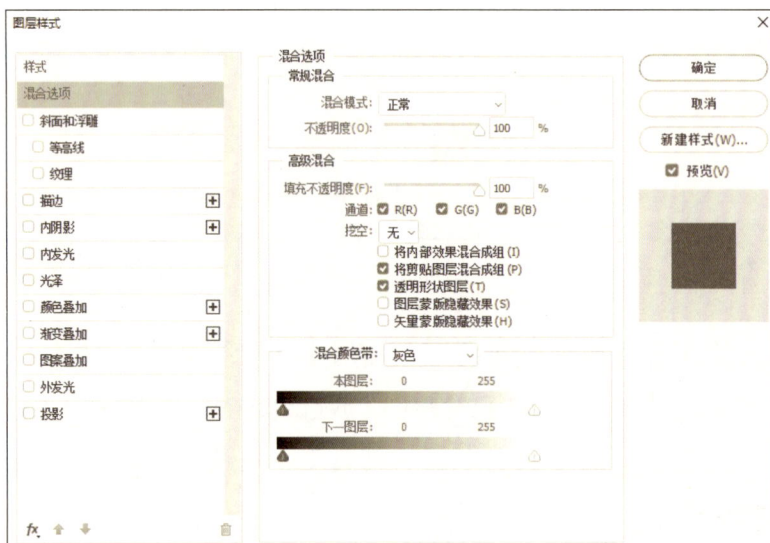

图 2-41

- **混合选项**。控制当前图层与下方图层像素的混合方式。

- **斜面和浮雕**。为图层添加高光和阴影效果，让图像看起来更加立体、生动。

- **描边**。使用颜色、渐变或图案对图像进行描边。

- **内阴影**。沿着图层边缘内侧添加阴影效果，使图层呈现出凹陷的视觉效果。

- **内发光**。沿着图层边缘内侧添加发光效果。

- **光泽**。添加光滑且有内部阴影的效果，使图像上方产生一种光线被遮盖的效果，常用于模拟金属的光泽效果。

- **颜色叠加**。将颜色覆盖在所选图层中的图像上，制作出图像和颜色的混合效果。

- **渐变叠加**。为图层中的图像叠加渐变颜色，制作出具有多种颜色的图像效果或具有高光效果的三维图像。

- **图案叠加**。在所选图层中的图像上覆盖一个新的图案。

- **外发光**。沿着图层边缘外侧添加发光效果，与"内发光"相反。

- **投影**。为图层中的图像添加投影效果，使图像更具立体感。

任务实施

↘ 活动1　抠图与合成

抠图与合成是制作促销主图、海报、商品详情页时的常用技能。如果只有简单的实物展示，则很难吸引消费者浏览商品，此时若为商品替换更具视觉吸引力的背景，则可加强商品的吸引力。小艾准备先抠取商品图片中的商品，然后将抠取后的商品合成到新的背景中。在抠图与合成的过程中，她需要根据不同商品的特点，采取不同的抠图与合成方法。

1. 规则商品的抠图与合成

在抠取一些规则的矩形或圆形商品时，可使用对应的选择工具快速创建选区进行抠图，如"矩形选框工具""椭圆选框工具"；对于边缘为直线的规则商品，如笔记本电脑，可使用"多边形套索工具"进行抠图。小艾发现一张笔记本电脑商品图片的背景较单调，打算先将笔记本电脑抠取出来，再添加背景和文字，最后合成新的商品海报，具体操作如下。

微课：规则商品的抠图与合成

- **步骤 01**　打开"笔记本电脑 .jpg"素材（配套资源 :\ 素材 \ 项目二 \ 笔记本电脑 .jpg），选择"多边形套索工具" ，在笔记本电脑边缘的转折点单击以确定起点，然后将鼠标指针移动到另一转折点处单击以确定锚点，使用相同的方法继续创建锚点，如图 2-42 所示。
- **步骤 02**　沿着笔记本电脑边缘创建锚点，回到起点时再次单击起点，完成选区的创建，如图 2-43 所示。

图 2-42

图 2-43

✏ 经验之谈

在使用"多边形套索工具" 创建锚点的过程中，若对创建的锚点不满意，则可按【BackSpace】键撤销上一个锚点。

- **步骤 03**　按【Ctrl+J】组合键复制选区中的内容，隐藏"背景"图层，查看抠图效果，如图 2-44 所示。
- **步骤 04**　由于笔记本电脑边缘转角处还有多余的背景，因此可选择"橡皮擦工具" ，在工具属性栏中设置笔尖样式、大小分别为"硬边圆""6 像素"，在图像编辑区中擦除多余的背景，效果如图 2-45 所示。

图 2-44 图 2-45

● **步骤 05** 打开"数码背景.jpg"素材（配套资源:\素材\项目二\数码背景.jpg），选择"横排文字工具" T.，在工具属性栏中设置字体、颜色分别为"思源黑体 CN""白色"，在图像编辑区中央输入图 2-46 所示的文字，并适当调整文字大小和位置。

● **步骤 06** 选择"移动工具" ✛.，切换到笔记本电脑所在的窗口，将鼠标指针移动到笔记本电脑内部，按住鼠标左键不放，将笔记本电脑图片拖曳到数码背景中。

● **步骤 07** 按【Ctrl+T】组合键进入自由变换状态，按住【Shift】键不放，向右下方拖曳左上角的控制点，等比例缩小笔记本电脑图片，再将笔记本电脑图片拖曳到合适的位置，如图 2-47 所示，按【Enter】键完成变换。

图 2-46 图 2-47

● **步骤 08** 选择"图层"/"图层样式"/"外发光"命令，打开"图层样式"对话框，设置外发光的颜色为"#3374cc"，其他参数设置如图 2-48 所示。单击 确定 按钮，返回图像编辑区，效果如图 2-49 所示。

● **步骤 09** 在"图层"面板底部单击"创建新图层"按钮 新建图层，选择"多边形套索工具" ✄.，在笔记本电脑的屏幕上绘制一个梯形，如图 2-50 所示，用于制作笔记本电脑屏幕上的反光，使其更加真实。

● **步骤 10** 选择"渐变工具" ■.，在工具属性栏中设置渐变颜色为"黑色～白色"，单击"线性渐变"按钮 ■，在笔记本电脑屏幕右下角按住鼠标左键不放并向左上角拖曳鼠标，如图 2-51 所示。释放鼠标左键以填充渐变颜色，效果如图 2-52 所示。

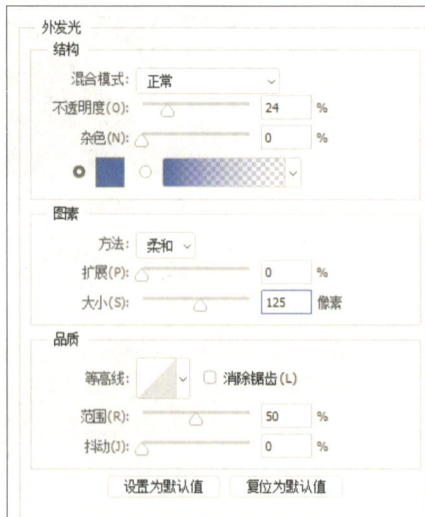

图 2-48

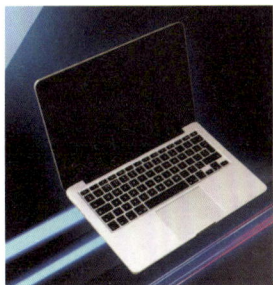

图 2-49　　　　　　　图 2-50　　　　　　　图 2-51　　　　　　　图 2-52

● **步骤 11**　在"图层"面板中修改渐变颜色所在图层的混合模式为"柔光"，完成笔记本电脑屏幕上的反光制作，最终效果如图 2-53 所示。

● **步骤 12**　按【Ctrl+S】组合键以"笔记本电脑海报"为名保存文件（配套资源:\效果\项目二\笔记本电脑海报 .psd）。

2. 简单背景的抠图与合成

微课：简单背景的抠图与合成

对于简单的商品或背景，可使用"快速选择工具"单击需要选择的部分区域进行抠图。小艾发现行李箱商品图片的背景较简单，准备使用"快速选择工具"配合"多边形套索工具"抠取行李箱，再通过更换背景、添加图层样式、调色等操作合成行李箱海报，具体操作如下。

● **步骤 01**　打开"行李箱 .jpg"素材（配套资源:\素材\项目二\行李箱 .jpg），选择"快速选择工具" ，在工具属性栏中设置画笔的大小、硬度分别为"25 像素""100%"，在行李箱主体部分按住鼠标左键不放并拖曳以创建选区，直至行李箱被完整框选，如图 2-54 所示。

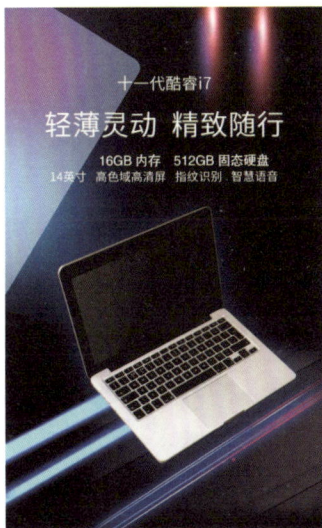

图 2-53

图 2-54

● **步骤 02**　在工具属性栏中修改画笔大小为"20 像素"，单击"从选区中减去"按钮 ，在行李箱拉杆中间单击以减去选区，如图 2-55 所示；然后在行李箱拉杆周围单击以减去选区，如图 2-56 所示。

图 2-55

图 2-56

- **步骤 03**　选择"多边形套索工具"，在工具属性栏中设置宽度、对比度、频率分别为"2 像素""10%""80"，勾选"消除锯齿"复选框，单击"从选区中减去"按钮。在行李箱右侧滚轮处不需要选择的区域单击以定位起点，然后沿着行李箱边缘移动鼠标指针，在转折点处单击添加控制点，直至回到起点，如图 2-57 所示。

✏ 经验之谈

　　在创建包含曲线的选区时，勾选"消除锯齿"复选框后，可让曲线变得更平滑，使选区边缘和背景像素之间的过渡更加平滑、自然。

- **步骤 04**　使用相同的方法减去左侧滚轮、拉杆把手处的多余区域，如图 2-58 所示。
- **步骤 05**　整个选区效果如图 2-59 所示，按【Ctrl+J】组合键复制选区内容，抠取出行李箱。

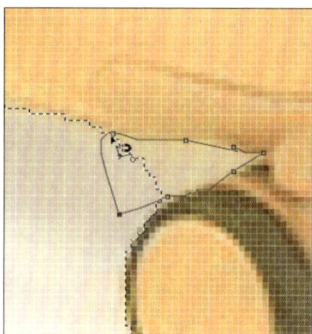

图 2-57

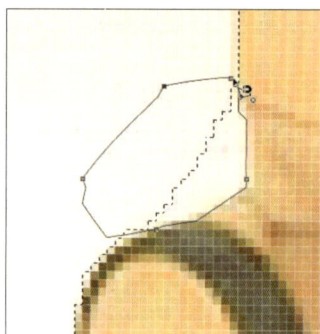

图 2-58

图 2-59

- **步骤 06**　打开"行李箱背景 .psd"素材（配套资源 :\ 素材 \ 项目二 \ 行李箱背景 .psd），置入"天空 .jpg"素材（配套资源 :\素材\项目二\天空 .jpg），调整素材的大小和位置，在"图层"面板中将"天空"图层拖曳至"草地"图层上方，效果如图 2-60 所示。
- **步骤 07**　设置背景色为"黑色"，在"图层"面板底部单击"添加图层蒙版"按钮，然后选择"橡皮擦工具"，在工具属性栏中设置笔尖样式、大小分别为"柔边圆""600像素"，在图像编辑区中擦除天空下半部分，效果如图 2-61 所示。
- **步骤 08**　使用"移动工具"将抠取的行李箱拖入新创建的背景中，调整行李箱的大小和位置，效果如图 2-62 所示。
- **步骤 09**　选择行李箱所在的图层，选择"图层"/"图层样式"/"投影"命令，打开"图层样式"对话框，设置投影颜色为"黑色"，其他参数设置如图 2-63 所示，单击 确定 按钮。

图 2-60

图 2-61

图 2-62

图 2-63

● **步骤 10** 为了使行李箱更具吸引力，可适当调整其饱和度和亮度。选择"图像"/"调整"/"自然饱和度"命令，打开"自然饱和度"对话框，设置"自然饱和度"为"+90"，单击 确定 按钮。

● **步骤 11** 按【Ctrl+L】组合键打开"色阶"对话框，设置"输入色阶"分别为"14""1.00""243"，如图 2-64 所示。

● **步骤 12** 单击 确定 按钮，最终效果如图 2-65 所示，按【Ctrl+S】组合键以"行李箱海报"为名保存文件（配套资源:\效果\项目二\行李箱海报 .psd）。

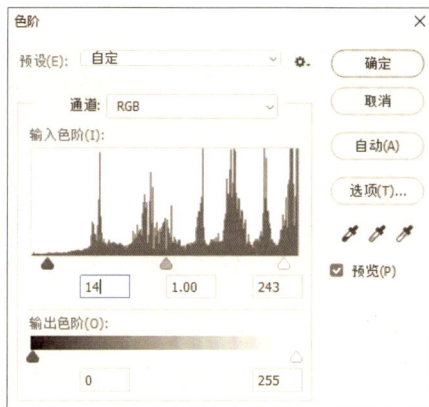

图 2-64

图 2-65

3. 复杂背景的抠图与合成

　　如果商品的轮廓比较复杂，背景比较杂乱，或背景与商品的分界线不明显，使用上述抠图方式就很难得到精准的抠图效果，此时可使用"钢笔工具"进行抠图。小艾准备先使用"钢笔工具"沿洗面奶轮廓描边，再将得到的路径转换为选区，抠取洗面奶，并将其拖入洗面奶背景中，调色后再创建剪贴蒙版以调整洗面奶的颜色，具体操作如下。

微课：复杂背景的抠图与合成

● **步骤 01**　打开"洗面奶.jpg"素材（配套资源:\素材\项目二\洗面奶.jpg），选择"钢笔工具" ⌀.，在工具属性栏中设置工具模式为"路径"，在洗面奶瓶盖处单击，移动鼠标指针，沿着洗面奶瓶盖单击创建锚点，瓶盖的路径如图 2-66 所示。

✏️ **经验之谈**

　　在创建直线段选区时，可直接单击添加锚点；在创建曲线段选区时，则需要在添加锚点时按住鼠标左键不放并拖曳鼠标。

● **步骤 02**　沿着洗面奶瓶身单击创建锚点，直至鼠标指针回到起点，当鼠标指针处于图 2-67 所示的状态时，单击以闭合路径，如图 2-68 所示。

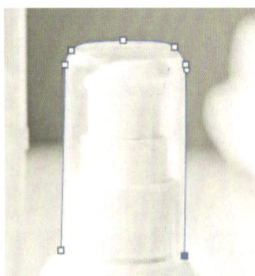
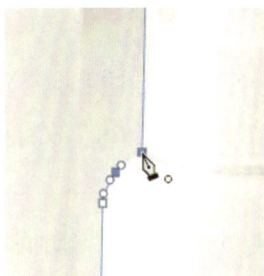

图 2-66　　　　　　　　　　图 2-67　　　　　　　　　　图 2-68

✏️ **经验之谈**

　　在使用"钢笔工具" ⌀.绘制路径时，按住【Ctrl】键不放，拖曳路径上的锚点可以调整线条位置，或选中锚点后拖曳控制柄可以调整曲线的弧度；释放【Ctrl】键，在路径上单击可以添加锚点，单击已有锚点可以删除锚点；按住【Alt】键不放，单击锚点可以使其在平滑点与角点之间转换。

● **步骤 03**　完成路径的编辑后，单击工具属性栏中的 [选区...] 按钮，打开"建立选区"对话框，设置"羽化半径"为"1像素"，如图 2-69 所示，单击 [确定] 按钮将路径转换为选区。

● **步骤 04**　打开"洗面奶背景.psd"素材（配套资源:\素材\项目二\洗面奶背景.psd），使用"移动工具" ✛.将抠取的洗面奶拖入洗面奶背景中，调整洗面奶的大小和位置，效果如图 2-70 所示。

图 2-69　　　　　　　　　　　　　　图 2-70

- **步骤 05**　在"图层"面板底部单击"创建新的填充或调整图层"按钮⬛，在打开的菜单中选择"曝光度"命令，打开"曝光度"属性面板，设置"灰度系数校正"为"1.32"，如图 2-71 所示。

- **步骤 06**　在"图层"面板中选择"曝光度 1"图层，在其上单击鼠标右键，在弹出的快捷菜单中选择"创建剪贴蒙版"命令，将该图层创建为洗面奶所在图层的剪贴蒙版，如图 2-72 所示，使曝光度的调整效果只作用于洗面奶。

- **步骤 07**　在"图层"面板中将"泡沫"图层拖曳至最上方，最终效果如图 2-73 所示。

 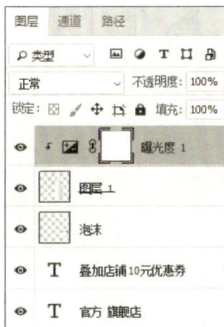 

图 2-71　　　　　　　　　　图 2-72　　　　　　　　　　图 2-73

- **步骤 08**　按【Ctrl+S】组合键以"洗面奶主图"为名保存文件（配套资源 :\效果\项目二\洗面奶主图 .psd）。

↘ 活动2　修复与优化

有些商品图片存在污渍和多余物体、背景与商品主次不清楚等问题，小艾需要运用修复与优化技能，让这些商品图片更加清晰、美观。

1. 修复图片中的瑕疵

除了天气、灯光、技术等原因会导致图片的视觉效果不好，商品本身的污渍或者杂乱的拍摄场景也会导致图片不够美观。小艾发现一张帆布鞋图片上有污渍，影响了图片的美观，她打算利用"污点修复画笔工具"和"修复画笔工具"修复图片，具体操作如下。

微课：修复图片中的瑕疵

- **步骤 01**　打开"帆布鞋 .jpg"素材（配套资源 :\素材\项目二\帆布鞋 .jpg），可发现鞋面和地面均有污点，如图 2-74 所示。

- **步骤 02**　选择"污点修复画笔工具"⬛，在工具属性栏中设置画笔的大小、硬度、间距分别为"10 像素""100%""25%"，将鼠标指针移至鞋面污点上，按住鼠标左键不放并拖曳鼠标，使灰色笔触覆盖污点，如图 2-75 所示，然后释放鼠标左键，去除污点。

- **步骤 03**　使用与步骤 02 相同的方法去除鞋面上的其他污点，效果如图 2-76 所示。

- **步骤 04**　选择"污点修复画笔工具"⬛，适当增加画笔大小，去除地面上的污点，前后对比效果如图 2-77 所示。

- **步骤 05**　下方鞋面有一处折痕需要修复，选择"修复画笔工具"⬛，在工具属性栏中设置画笔的大小、硬度、间距、模式、源、扩散分别为"25像素""50%""25%""正常""取样""5"，将鼠标指针移至上方无折痕的鞋面的相似位置，如图2-78所示，按住【Alt】键不放，单击进行取样。

- **步骤06** 将鼠标指针移至下方鞋面的折痕上，按住鼠标左键不放并拖曳鼠标，使修复画笔的轨迹覆盖折痕，如图2-79所示，然后释放鼠标左键。

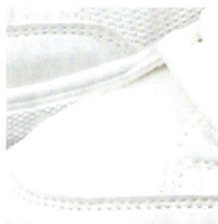

图2-74　　　　　　　图2-75　　　　　　　图2-76

图2-77　　　　　　　图2-78　　　　　　　图2-79

- **步骤07** 按【Ctrl+S】组合键保存文件（配套资源:\效果\项目二\帆布鞋.jpg），最终效果如图2-80所示。

2. 去除图片中的多余物体

图2-80

小艾发现，若要去除图片中的多余物体，采用前面的方法并不能达到理想的效果，老李建议她结合"仿制图章工具""内容感知移动工具"修复榨汁机图片，具体操作如下。

微课：去除图片中的多余物体

- **步骤01** 打开"榨汁机.jpg"素材（配套资源:\素材\项目二\榨汁机.jpg），可发现榨汁机的背景较为杂乱、图片效果不佳，如图2-81所示。

- **步骤02** 选择"仿制图章工具"，在工具属性栏中设置画笔的大小、硬度分别为"120像素""50%"，将鼠标指针移至左上方的粉色背景处，按住【Alt】键不放，单击进行取样，如图2-82所示。

图2-81

- **步骤03** 将鼠标指针移至下方的橙子上，按住鼠标左键不放并向下拖曳鼠标，使取样内容覆盖橙子，如图2-83所示，然后释放鼠标左键。

- **步骤04** 将鼠标指针移至左下方的蓝色背景处，按住【Alt】键不放，单击进行取样，如图2-84所示。

● **步骤 05** 将鼠标指针移至下方的橙子上，按住鼠标左键不放并向下拖曳鼠标，使取样内容覆盖草莓，如图 2-85 所示，然后释放鼠标左键。

图 2-82   图 2-83   图 2-84   图 2-85

● **步骤 06** 在工具属性栏中适当减小画笔大小，增加画笔硬度，使用相同的方法将左侧背景中的杂物完全去除，效果如图 2-86 所示。

● **步骤 07** 选择"内容感知移动工具" ⚒，在工具属性栏中设置模式、结构、颜色分别为"扩展""4""0"，将鼠标指针移至右上方的粉色背景处，按住鼠标左键不放并拖曳鼠标以绘制选区，如图 2-87 所示。

● **步骤 08** 释放鼠标左键建立选区，将鼠标指针移至选区内部，按住鼠标左键不放并向下拖曳鼠标，使选区内容覆盖橙子，且背景中的斜线顺畅衔接，如图 2-88 所示。释放鼠标左键，按【Enter】键确认操作，再按【Ctrl+D】组合键取消选区。

图 2-86   图 2-87   图 2-88

✏️ **经验之谈**

"内容感知移动工具" ⚒属于智能判定工具，其效果和图像本身的情况密切相关，背景越简单，效果越好。在使用该工具时，需要注意移动后图像的细节丢失情况，可使用其他修复工具辅助完善操作。

● **步骤 09** 使用相同的方法将右上方的橙子完全去除。在工具属性栏中修改结构、颜色分别为"5""5"，使用左下角的蓝色背景将底部中间的草莓完全去除，最终效果如图 2-89 所示，然后按【Ctrl+S】组合键保存文件（配套资源:\效果\项目二\榨汁机.jpg）。

3. 虚化图片背景

对于一些无法区分主体物和背景且层次不明的图片，虚化背景是常用的图片优化方法。小艾准备通过

微课：虚化图片背景

图 2-89

虚化月饼图片的背景，使盘子里的月饼成为视觉焦点，营造月饼与背景间的前实后虚效果，避免背景喧宾夺主，具体操作如下。

- 步骤 01　打开"月饼.jpg"素材（配套资源:\素材\项目二\月饼.jpg），选择"套索工具" ♀，在图像编辑区沿着月饼轮廓绘制选区，如图 2-90 所示。

✏️ **经验之谈**

在为商品创建选区时，最好使选区与商品的边缘之间有一定的距离，避免在绘制选区的过程中出错。

- 步骤 02　按【Shift+Ctrl+I】组合键反选选区，选择"选择"/"修改"/"羽化"命令，打开"羽化选区"对话框，设置"羽化半径"为"20 像素"，如图 2-91 所示，单击 确定 按钮，使选区边缘更加柔和。

图 2-90　　　　　　　　　　　　　　　图 2-91

- 步骤 03　选择"滤镜"/"模糊画廊"/"光圈模糊"命令，打开"光圈模糊"工作窗口，在"模糊工具"面板的"光圈模糊"栏中设置"模糊"为"40 像素"，在"效果"面板中设置"光源散景""散景颜色""光照范围"分别为"17%""0%""71 ～ 169"。

- 步骤 04　在左侧预览区中拖曳圆形的模糊定界框，调整定界框的位置和大小，如图 2-92 所示，然后单击 确定 按钮，让背景产生过渡效果的模糊。

- 步骤 05　按【Shift+Ctrl+I】组合键反选选区，选择"滤镜"/"锐化"/"USM 锐化"命令，打开"USM 锐化"对话框，设置"数量""半径""阈值"分别为"82%""7.5 像素""10色阶"，如图 2-93 所示，单击 确定 按钮，让月饼更加突出。

图 2-92　　　　　　　　　　　　　　　图 2-93

步骤 06　按【Ctrl+S】组合键保存文件（配套资源:\效果\项目二\月饼.jpg），最终效果如图 2-94 所示。

图 2-94

4. 美化模特

微课：美化模特

由于有模特的图片一般比只有商品的图片更能激发消费者的购买欲望，因此很多网店都会通过模特展现商品，尤其是服装类、珠宝类网店。但小艾发现有的商品图片中模特的身材并不完美，她决定使用"液化"滤镜优化模特身材，具体操作如下。

步骤 01　打开"模特.jpg"素材（配套资源:\素材\项目二\模特.jpg），如图 2-95 所示。在"背景"图层上单击鼠标右键，在弹出的快捷菜单中选择"转换为智能对象"命令。

步骤 02　选择"滤镜"/"液化"命令，打开"液化"对话框，在对话框左侧选择"向前变形工具" ，在对话框右侧设置"大小""浓度""压力""速率"分别为"1000""50""100""0"，向左拖曳模特右侧腰部曲线，如图 2-96 所示。

图 2-95

图 2-96

步骤 03　适当调整"大小"参数，使用相同的方法修改模特左侧腰部曲线和裙摆曲线，效果如图 2-97 所示。

步骤 04　选择"缩放工具" ，单击预览区放大画面。选择"抓手工具" ，将左侧手臂移到预览区中央。

✏️ **经验之谈**

　　液化过程中，使用"重建工具" 🖌 可还原笔刷半径内所做的修改；使用"膨胀工具" ✛ 可膨胀笔刷半径内的部分，如放大眼睛；使用"褶皱工具" 🖌 可收缩笔刷半径内的部分，如收缩腹部。需要注意模特的比例，若液化幅度太大，则容易导致模特身材不协调。

● **步骤 05**　将"大小"更改为"150"，向内拖曳手臂曲线，如图 2-98 所示。

● **步骤 06**　单击 ⬭确定⬭ 按钮，查看最终效果，如图 2-99 所示，然后按【Ctrl+S】组合键保存文件（配套资源 :\ 效果 \ 项目二 \ 模特 .psd）。

图 2-97　　　　　　　　　　　图 2-98　　　　　　　　　　　图 2-99

↘ 活动3　处理水印

　　为了避免商品图片被盗用，网店美工需要具备处理水印的技能，即为商品图片添加水印。由于依次为商品图片添加水印过于烦琐，因此小艾准备使用"批处理"命令，在批量添加水印前需要先制作水印，具体操作如下。

微课：处理水印

● **步骤 01**　选择"文件" / "新建"命令，打开"新建文档"对话框，在名称文本框中输入"水印"，在"宽度"和"高度"数值框中均输入"600"，设置单位为"像素"，"分辨率"为"72 像素 / 英寸"，"背景内容"为"透明"，如图 2-100 所示，单击 创建 按钮。

● **步骤 02**　选择"横排文字工具" T,，选择"窗口" / "字符"命令，打开"字符"面板，设置字体为"方正超粗黑简体"，字号为"72 点"，字距为"200"，颜色为"黑色"，字形为"平滑"，在图像编辑区中央输入"轩莹珠宝"文字，如图 2-101 所示。

 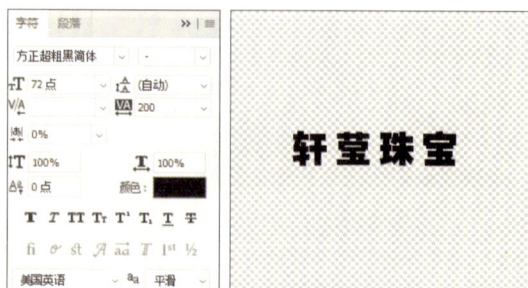

图 2-100　　　　　　　　　　　　　　　　图 2-101

● **步骤 03**　按【Ctrl+T】组合键进入自由变换状态，在文字周围按住鼠标左键不放并拖曳鼠标，将文字逆时针旋转，如图 2-102 所示。旋转完成后释放鼠标左键，按【Enter】键完成变换操作。

● **步骤 04**　选择"图层"/"图层样式"/"描边"命令，打开"图层样式"对话框，设置描边颜色为"#d0cfcb"，其他参数设置如图 2-103 所示。

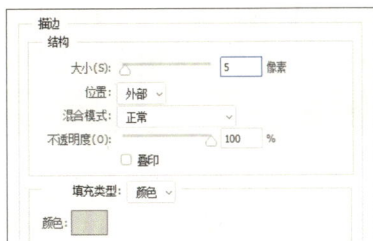

图 2-102　　　　　　　　　　　　　　图 2-103

● **步骤 05**　单击 确定 按钮返回图像编辑区，在"图层"面板中设置"不透明度"为"50%"，"填充"为"0%"，此时文字只有淡淡的痕迹，便于作为水印显示在图片中，如图 2-104 所示。

● **步骤 06**　选择"编辑"/"定义图案"命令，打开"图案名称"对话框，在"名称"文本框中输入"水印"，如图 2-105 所示。单击 确定 按钮，完成水印的制作，然后按【Ctrl+S】组合键保存文件（配套资源:\ 效果 \ 项目二 \ 水印 .psd）。

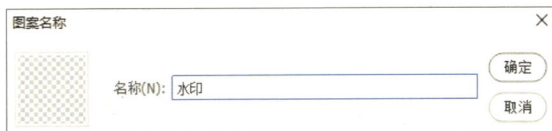

图 2-104　　　　　　　　　　　　　　图 2-105

● **步骤 07**　将需要添加水印的图片存放在同一个文件夹（配套资源:\ 素材 \ 项目二 \ 珠宝）中。在 Photoshop 中打开"珠宝（1）.jpg"素材，选择"窗口"/"动作"命令或按【Alt+F9】组合键，打开"动作"面板，如图 2-106 所示，单击"动作"面板底部的"创建新动作"按钮 。

● **步骤 08**　打开"新建动作"对话框，将"名称"修改为"添加水印"，如图 2-107 所示。单击 记录 按钮，"动作"面板中会出现一个名称为"添加水印"的新动作，并且底部的"开始记录"按钮 处于激活状态。

图 2-106　　　　　　　　　　　　　　图 2-107

● **步骤09**　选择"编辑"/"填充"命令，打开"填充"对话框，在"内容"下拉列表中选择"图案"选项，在"自定图案"下拉列表中选择添加的水印图案，如图 2-108 所示，单击 确定 按钮。

● **步骤10**　按【Ctrl+S】组合键保存处理后的图片，单击"动作"面板底部的"停止播放/记录"按钮▪，完成动作的记录，如图 2-109 所示，此时"珠宝（1）.jpg"素材的水印效果如图 2-110 所示。

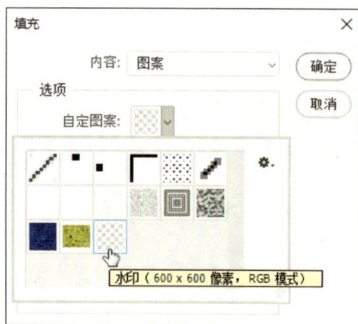

图 2-108

图 2-109

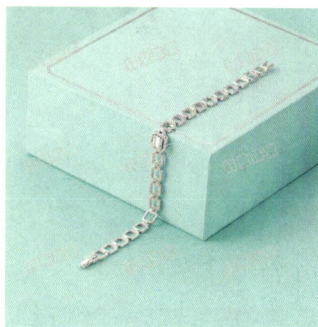

图 2-110

● **步骤11**　选择"文件"/"自动"/"批处理"命令，打开"批处理"对话框，在"动作"下拉列表中选择"添加水印"选项，在"源"下拉列表中选择"文件夹"选项，单击 选择(C)… 按钮，选择要批量添加水印的图片文件所在的文件夹；在"目标"下拉列表中选择"文件夹"选项，单击 选择(H)… 按钮，选择存储处理结果的文件夹，如图 2-111 所示，单击 确定 按钮。

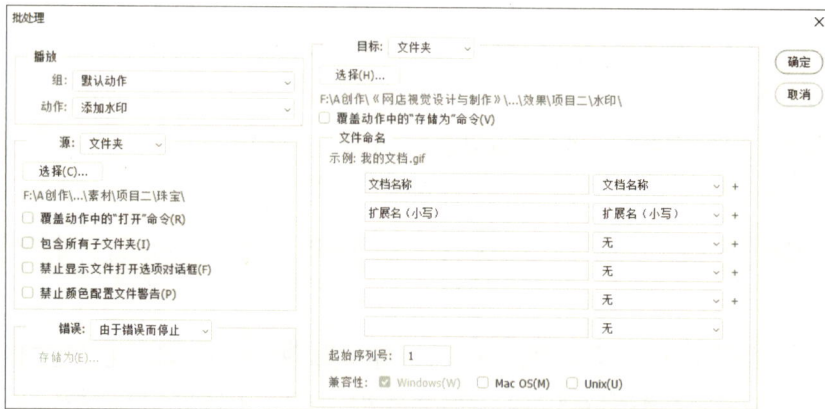

图 2-111

✎ **经验之谈**

　　如果在"批处理"对话框的"目标"下拉列表中选择"存储并关闭"选项，则原来位置的图片将被覆盖，源文件将丢失。

● **步骤12**　设置完成后，Photoshop 会自动导入和处理所设置文件夹中的所有图片，完成后的效果如图 2-112 所示（配套资源:\效果\项目二\水印）。

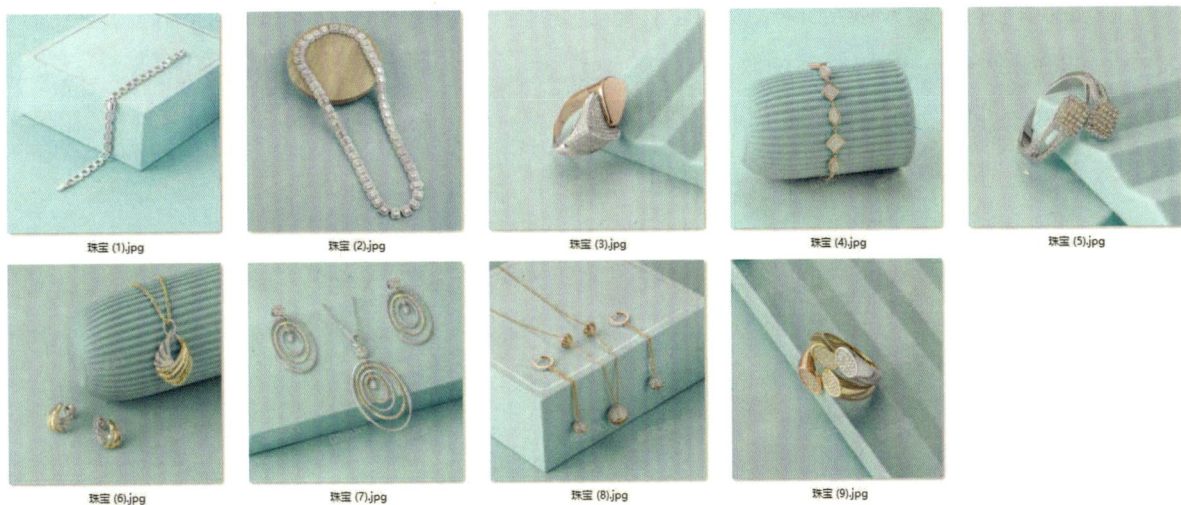

图 2-112

同步实训——制作新品宣传 Banner

实训要求

某数码网店上新了一款头戴式耳机，为了推广新品，该网店拍摄了该款头戴式耳机的商品图片，并打算制作一张新品宣传 Banner，宣传新款耳机的卖点，带给消费者新鲜感，激发消费者对该新品的购买欲。在制作 Banner 前，需要抠取耳机图像并美化耳机。新品宣传 Banner 的参考效果如图 2-113 所示。

图 2-113

实训提示

● **步骤 01** 打开"耳机 .jpg"素材（配套资源:\素材\项目二\耳机 .jpg），发现背景为纯白色，且与耳机的色彩对比较为明显，可使用"魔棒工具"抠取耳机，效果如图 2-114 所示。

● **步骤 02** 耳机图像的头带左侧内部存在一些污渍，可使用"污点修复画笔工具"进行修复，然后使用"曲线""色相/饱和度"命令优化耳机色彩，效果如图 2-115 所示。

● **步骤 03**　打开"Banner.psd"素材（配套资源 :\ 素材 \ 项目二 \Banner.psd），使用"图像大小"命令将 Banner 的大小调整为"1920 像素 ×900 像素"，分辨率调整为"72 像素 / 英寸"，然后使用"移动工具"⊕.将抠取的耳机图像拖入 Banner 中，调整耳机的大小和位置，效果如图 2-116 所示。

图 2-114

图 2-115

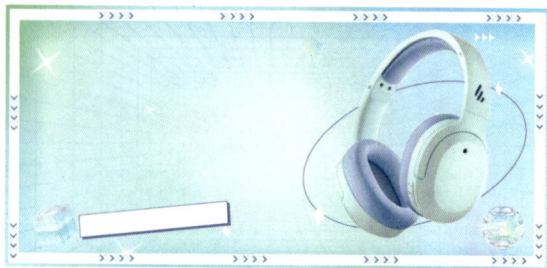
图 2-116

● **步骤 04**　使用"横排文字工具"**T**.在 Banner 中输入宣传文字，并使用"图层样式"命令丰富文字效果。

● **步骤 05**　按【Ctrl+S】组合键以"耳机 Banner"为名保存 PSD 文件（配套资源 :\ 效果 \ 项目二 \ 耳机 Banner.psd），再将耳机 Banner 存储为 JPG 格式的图片（配套资源 :\ 效果 \ 项目二 \ 耳机 Banner.jpg）。

▍项目小结

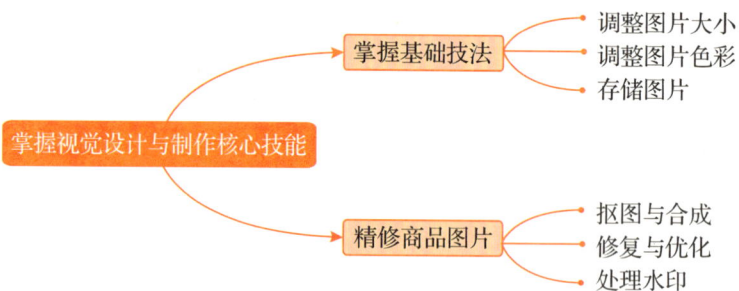

掌握视觉设计与制作核心技能

掌握基础技法
　调整图片大小
　调整图片色彩
　存储图片

精修商品图片
　抠图与合成
　修复与优化
　处理水印

项目三
设计与制作主图和主图视频

工作一段时间后，小艾的工作能力得到了老李的肯定。老李准备让小艾参与网店的视觉设计与制作，提升其网店视觉设计实战能力，于是将一家名为"珩农"的农产品网店的视觉设计任务交给她，让她先为该网店设计并制作玉米主图和主图视频，着重展示玉米的外观、卖点和促销信息，吸引消费者进一步了解玉米。

➡ 知识目标

- 了解主图和主图视频的规范。
- 掌握主图和主图视频的设计要点。

➡ 技能目标

- 能够设计与制作农产品主图。
- 能够设计与制作农产品主图视频和视频封面。

➡ 素养目标

- 提升对商品主图和主图视频的审美能力。
- 能够在主图和主图视频的制作中遵守电商平台的规范。

任务一 认识主图和主图视频

任务描述

　　玉米丰收的时节即将来临，为了提高玉米的销量，"珩农"农产品网店要求小艾制作玉米主图和玉米主图视频。在制作前，老李提醒小艾，一定要先了解电商平台中主图与主图视频的规范，并掌握相关设计要点。

任务实施

活动1 了解主图和主图视频的规范

　　主图和主图视频最常规的展示位置是商品详情页第一屏，消费者单击商品链接进入商品详情页的第一时间，即可看到商品的主图或主图视频。由于"珩农"农产品网店开设在淘宝网中，因此小艾需着重了解淘宝网中的主图和主图视频的规范。

1. 主图的规范

　　主图可以简单理解为商品的展示图片，一般有5张，主要显示在搜索结果页面和商品详情页，如图3-1所示，搜索结果页面默认展示第一张主图图片。商家上传的第五张主图必须为商品白底图，如图3-2所示。若商家上传了商品白底图，则可增加该商品在淘宝网首页的曝光机会。

图 3-1

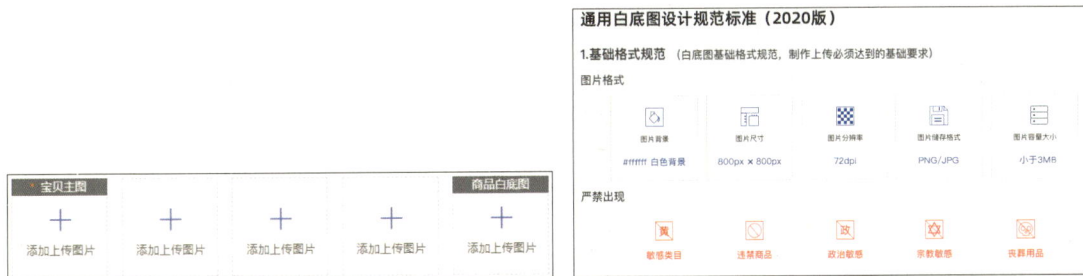

图 3-2

● **主图图片的大小**。不超过 3MB，建议在 200KB 以内。

● **主图图片的尺寸**。PC 端主图图片的尺寸一般为 800 像素 ×800 像素，移动端主图图片的尺寸一般为 600 像素 ×600 像素。

✎ 经验之谈

对于700像素×700像素以上的主图，商品页面通常会提供主图放大功能，当消费者将鼠标指针移至商品主图上方时，即可放大查看该主图的细节。

● **主图图片的格式**。JPG、PNG 和 GIF。

● **主图图片的内容**。商品需要展现正面，不可展现侧面或背面。主图图片要美观度高、品质感强。商品尽量平整展现，商品主体完整，展示比例不能过小。

为了方便以后在其他平台发布商品主图时不用重新制作主图（京东、当当等电商平台的主图规格都是 800 像素 ×800 像素），小艾决定将玉米主图的尺寸设置为 800 像素 ×800 像素，先使用 Photoshop 制作出便于编辑的 PSD 文件，再导出格式为 JPG 的玉米主图图片。

2. 主图视频的规范

主图视频主要以视频的形式补充展示商品，通常显示在商品页面的第一张主图之前，如图 3-3 所示。

图 3-3

● **主图视频的大小**。不超过 300MB。

● **主图视频的尺寸**。建议分辨率大于 1280 像素 ×720 像素（又称 720P，采用这种分辨率的视频称为高清视频），比例可为 1 ∶ 1、16 ∶ 9 或 3 ∶ 4。

✎ 经验之谈

淘宝网的电商主图视频比例一般为16 ∶ 9、3 ∶ 4和1 ∶ 1，3 ∶ 4的比例适合移动端观看，1 ∶ 1的比例适合PC端观看，16 ∶ 9的比例一般给人的观感比较舒适，其中比例为3 ∶ 4和1 ∶ 1的主图视频更为常见。

● **主图视频的时长**。小于 60 秒，建议在 30 秒以内。

● **主图视频的格式**。WMV、AVI、MPG、MPEG、3GP、MOV、MP4、FLV、F4V、M2T、MTS、RMVB、VOB、MKV（阿里创作平台目前仅支持 MP4 格式）。

● **主图视频的内容**。无水印，无二维码，无外部网站信息，店铺或品牌 Logo 不得在正片中以角标或水印的形式出现。视频内容必须与商品相关，不能是纯娱乐、纯搞笑内容，不建议将电子相册式翻页图片作为视频内容。

为了展示主图视频的精华，保证主图视频的播放量，小艾准备制作 30 秒左右的玉米主图视频，这个时长的电商主图视频会被平台优先展示。为了给消费者留下美好的视觉感受，使消费者对商品和品牌产生好的印象，小艾决定将主图视频的尺寸比例设置为 1∶1，并保持 720P 以上的清晰度。

↘ 活动2　掌握主图和主图视频的设计要点

主图和主图视频的作用主要是吸引消费者、传达信息、吸引消费者点击、便于消费者记忆。为了在短时间内迅速吸引消费者的注意力，以及多方面地传达玉米的信息，小艾分析并总结了以下设计要点。

1. 主图的设计要点

作为商品的招牌，主图对商品销售的影响是多方面的，包括主图图片场景、商品清晰度、主图颜色、创意卖点、辅助展示等，这些因素都是网店美工在设计主图时需要注意的要点。

● **主图图片场景**。主图图片场景可以展示商品的使用场景。在设计主图图片场景时，选择不同背景、不同虚化程度的素材，都可能影响图片的视觉效果，从而影响点击率。在使用不同场景的图片时，还要注意主图的前后排列情况，因为图片场景的顺序会影响主图商品的表现力。

✏ 经验之谈

从大量数据调研中可以发现，点击率较高的主图，大部分使用的是生活背景。

● **商品清晰度**。作为主图，清晰度很重要，如果主图中的商品不够清晰，那么主图的效果会大打折扣。图 3-4 所示为清晰和不清晰的主图对比效果。

图 3-4

- **主图颜色**。主图常常采用可以烘托商品的纯色背景，切忌使用过于繁杂的背景，因为人的眼睛一次只能存储两三种颜色，使用纯色背景时不仅在颜色搭配上比较容易，也更能令人印象深刻，如图 3-5 所示。反之，如果背景色采用过多、过杂的颜色，消费者的眼睛就会感到疲倦，从而分散注意力，影响购买欲望，让效果大打折扣。

- **创意卖点**。主图中的卖点并不一定是促销内容，但一定是吸引消费者的亮点，这是商品的核心竞争力，让消费者在看到主图中的创意卖点时，会马上联想到该商品的优势。

- **辅助展示**。有些主图不仅展示商品，还会结合模特、道具等展示商品与人的关系，如服装、饰品、生活用品等，这些商品与人的关系密切，借助模特可以更直观地向消费者展示商品的使用效果，从而赢得消费者的青睐。

- **促销信息**。有的消费者比较喜欢有促销活动的商品，所以将促销信息添加到主图中可以提高点击率，如图 3-6 所示。需要注意的是，促销信息应尽量明确、字体统一，尽量控制在 10 个字以内，要做到简短、清晰、有力。

图 3-5

图 3-6

经验之谈

在主图中添加店铺Logo或品牌Logo，既可以提升主图的辨识度，也可以在不经意之间宣传店铺或品牌，还可以在一定程度上防止别人盗图。

掌握以上设计要点后，小艾准备按照表 3-1 所示的设计要点制作玉米主图。

表 3-1　玉米主图的设计要点

要点	内容
主图图片场景	将玉米放置在竹筐中展示
商品清晰度	玉米图片的清晰度应大于等于主图要求的清晰度
主图颜色	由于玉米以黄色、绿色为主，因此主图也采用黄色、绿色为主色
创意卖点	该款玉米的主要卖点为"软""糯""甜"
辅助展示	该款玉米为未加工的食物，暂不需要模特或道具辅助展示
促销信息	展示活动价格，以及"下单立减10元"等促销信息

2. 主图视频的设计要点

主图视频的主要作用是直观、有趣地展示商品，使消费者快速了解商品。因此，在设计主图视频时，应该结合消费者对商品的实际需求，以展示商品或商品的设计理念为主，为消费者留下一个良好的商品印象。

- **以展示商品为主的主图视频。** 这类主图视频通常突出展示商品的外观、主要功能、特点、使用场景、使用效果等，视频的内容根据具体商品而定。主图视频力求打动消费者，使消费者对商品产生兴趣，继而购买商品。

- **以展示商品的设计理念为主的主图视频。** 这类主图视频通常通过人性化、情感化、专业化的画面展示商品的设计过程，体现商品的品质，一般以商品的外观设计、制作工艺、设计理念等为主要展示内容。具有独特的设计风格或相应设计专利的商品根据设计理念制作主图视频，要求制作的主图视频能够体现商品的独特性，并吸引消费者的注意力。

为了方便消费者快速了解玉米，小艾决定制作以展示商品为主的玉米主图视频，并按照时间顺序梳理出了表 3-2 所示的设计要点。

表 3-2　玉米主图视频的设计要点

要点	内容	预计时长
玉米产地	主要展示玉米地、生长中的玉米、采摘玉米等场景	6秒
玉米特写	多角度展示售卖的玉米	6秒
烹饪玉米	主要展示用水煮玉米的过程	5秒
食用玉米	主要展示掰开玉米并食用的过程	5秒

任务二　设计与制作主图

任务描述

玉米主图需要展现玉米的特点、价格和优惠活动。为了使玉米主图具有吸引力，老李建议小艾先设计黄绿色调的主图背景，营造自然、健康的氛围；再抠取玉米图像，并将其放置在主图中央；最后绘制标签并添加文字，在丰富玉米主图的同时，直观地传达信息。

任务实施

↘ 活动1　设计主图背景

玉米粒为黄色、叶片为绿色，为了在主图中突显玉米，并且使主图整体配色和谐，小艾准备使用与绿叶颜色相近的绿色设计主图背景中的渐变色块，并添加

微课：设计主图背景

少量黄色进行点缀，具体操作如下。

- **步骤 01** 启动 Photoshop，新建大小为"800 像素 × 800 像素"、分辨率为"72 像素 / 英寸"、名称为"玉米主图"的文件。

- **步骤 02** 在"图层"面板底部单击"创建新图层"按钮□新建图层，选择"多边形套索工具"▽，在图像编辑区绘制图 3-7 所示的四边形选区。

- **步骤 03** 闭合选区后，选择"渐变工具"■，在工具属性栏中设置渐变颜色为"#b2cf74 ～ #77a631"，单击"线性渐变"按钮■，将鼠标指针移至四边形选区左上角，按住鼠标左键不放并向右下角拖曳鼠标，然后释放鼠标左键，为四边形选区填充渐变颜色，效果如图 3-8 所示。

图 3-7　　　　　　　　　　　　　　图 3-8

- **步骤 04** 新建图层，按【Shift+Ctrl+I】组合键反选选区，在工具属性栏中设置渐变颜色为"#bcd781 ～ #7eab3a"，从新的四边形选区左上角向右下角填充渐变颜色，效果如图 3-9 所示。

- **步骤 05** 选择"钢笔工具"∅，在工具属性栏中设置工具模式、填充颜色分别为"形状""#ffdb3c"，取消描边，在图像编辑区底部绘制波浪形状，如图 3-10 所示。

- **步骤 06** 按【Ctrl+J】组合键复制图层，在工具属性栏中修改填充颜色为"#a2c462"，然后按【Ctrl+T】组合键进入自由变换状态，使其与下方形状形成错位效果，按【Enter】键确认变换，效果如图 3-11 所示。

 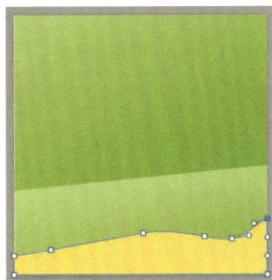 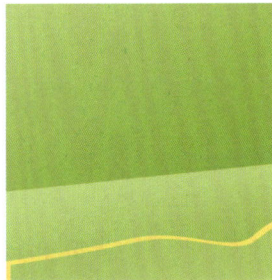

图 3-9　　　　　　　　图 3-10　　　　　　　　图 3-11

↘ **活动2　抠取商品图像**

拍摄的玉米图片带有原始背景，小艾想重新设计玉米的展示效果，因此需要先抠取玉米图像，具体操作如下。

微课：抠取商品
图像

- **步骤 01** 打开"玉米 .jpg"素材（配套资源 :\ 素材 \ 项目三 \ 玉米 .jpg），选择"魔棒工具"✦，在工具属性栏中设置容差为"20点"，勾选"消除锯齿"复选框和"连续"复选框，在图像白色背景中单击创建选区，如图 3-12 所示。

- **步骤 02**　按【Shift+Ctrl+I】组合键反选选区，再按【Ctrl+J】组合键复制选区内容，隐藏"背景"图层，抠取出玉米图像，效果如图 3-13 所示。

- **步骤 03**　使用"移动工具" ✛ 将抠取的玉米图像拖入"玉米主图 .psd"文件中，调整玉米图像的大小和位置，并将玉米所在的图层拖曳至波浪形状图层下方，效果如图 3-14 所示。

图 3-12　　　　　　　　　　图 3-13　　　　　　　　　　图 3-14

↘ 活动3　绘制标签并添加文字

　　玉米主图中的文字主要有标题、宣传语、价格、促销信息等。为了区分不同类别的文字，小艾准备先为文字绘制装饰标签，然后再添加文字，具体操作如下。

微课：绘制标签
并添加文字

- **步骤 01**　选择"圆角矩形工具" ▢ ，在工具属性栏中取消描边，设置填充颜色、渐变样式、渐变角度分别为"#fe1f3e ～ #fd556e""线性""61"，如图 3-15 所示，接着设置半径为"30 像素"。在图像编辑区左下角绘制一个圆角矩形，作为价格标签，效果如图 3-16 所示。

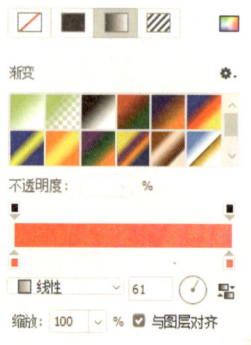
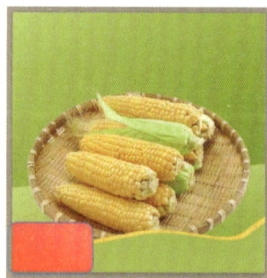

图 3-15　　　　　　　　　　图 3-16

- **步骤 02**　在工具属性栏中修改填充颜色为"白色"，在玉米上方绘制一个圆角矩形，作为宣传语标签，效果如图 3-17 所示。

- **步骤 03**　按【Ctrl+J】组合键复制白色圆角矩形，在工具属性栏中取消填充，修改描边颜色、描边宽度、描边选项分别为"#538c01""1 像素""虚线"，再适当将该圆角矩形缩小，效果如图 3-18 所示。

- **步骤 04**　在"图层"面板中选择白色圆角矩形所在图层，选择"图层"/"图层样式"/"投影"命令，打开"图层样式"对话框，设置投影颜色为"#82ad3e"，其他参数设置如图 3-19 所示。

图 3-17　　　　　　　　图 3-18　　　　　　　　图 3-19

● **步骤 05**　单击 确定 按钮，返回图像编辑区，投影效果如图 3-20 所示。

● **步骤 06**　选择"横排文字工具" **T.**，在工具属性栏中设置字体为"方正兰亭特黑 _GBK"，文字颜色为"白色"，在图像编辑区上方背景的空白处输入"软糯甜玉米"文字，作为标题。

● **步骤 07**　在工具属性栏中修改文字颜色为"#55870a"，在白色圆角矩形中输入"美味时刻 悠闲享受"文字，作为宣传语，如图 3-21 所示。

图 3-20

● **步骤 08**　在工具属性栏中修改字体为"方正超粗黑简体"，文字颜色为"白色"，在图像编辑区下方输入价格、促销相关文字，如图 3-22 所示。

图 3-21　　　　　　　　　　　　　　　图 3-22

● **步骤 09**　在"图层"面板中选择"软糯甜玉米"图层，选择"图层"/"图层样式"/"投影"命令，打开"图层样式"对话框，设置投影颜色为"#82ad3e"，其他参数设置如图 3-23 所示。

● **步骤 10**　单击 确定 按钮，返回图像编辑区，最终效果如图 3-24 所示。按【Ctrl+S】组合键保存文件（配套资源 :\ 效果 \ 项目三 \ 玉米主图 .psd）。

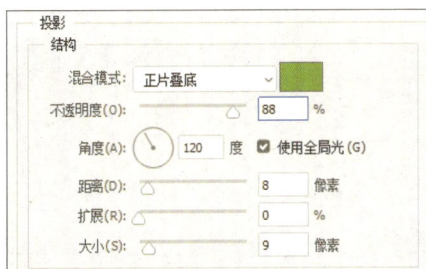

图 3-23

图 3-24

任务三 设计与制作主图视频

任务描述

制作玉米主图视频需要使用视频剪辑软件，老李建议小艾选择功能强大、模板丰富的剪映专业版。于是小艾在计算机上下载并安装了剪映专业版 3.2.0 后，便打开该软件，准备制作玉米主图视频。

知识窗

剪映是由抖音短视频官方推出的，具有全面的剪辑功能，支持多种滤镜和转场效果，提供丰富的音乐资源的视频剪辑工具。除此之外，剪映还提供了大量模板，可以满足大部分视频剪辑新手的需求。

剪映有移动端 App 和 PC 端应用软件两种形式。移动端剪映 App 支持直接在手机上剪辑拍摄的短视频并将其发布到平台，十分适合视频剪辑新手。PC 端剪映专业版具有更专业、强大、丰富的功能，还能识别语音生成字幕，图 3-25 所示为剪映专业版的工作界面。

图 3-25

- **素材选项卡组**。由媒体、音频、文本、贴纸、特效、转场、滤镜、调节八大选项卡组成，主要用于放置本地素材，以及剪映专业版自带的海量线上素材。

- **"播放器"面板**。在素材选项卡组或"时间轴"面板中选择一段素材后，可以在"播放器"面板中预览所选素材。

- **功能选项卡组**。在"时间轴"面板中选择一段素材后，可以激活该素材对应的功能选项卡组，在功能选项卡组中可以设置素材的大小、位置、角度等参数，以及色彩、音频、速度、动画等更高阶的参数。

- **"时间轴"面板**。对素材进行基础的编辑操作，如分割素材、裁剪素材、调整素材的位置及轨道等。

任务实施

↘ 活动1 导入主图视频素材

玉米主图视频主要展示玉米的详细信息，小艾在制作玉米主图视频时需添加大量的视频素材，由于这些视频素材大小不一，因此小艾需要先在剪映专业版中新建草稿，确定玉米主图视频的尺寸规范，然后导入需要的主图视频素材，具体操作如下。

微课：导入主图视频素材

- **步骤 01** 启动剪映专业版，在主界面中单击 ⊕ 开始创作 按钮创建草稿，如图 3-26 所示。

🌱 素养小课堂

一般情况下，在剪辑视频时最好及时保存文件，防止文件意外丢失，养成良好的职业素养。但我们在使用剪映专业版时，无须进行保存草稿的操作，因为关闭该软件后，再次打开软件时，之前剪辑的文件会自动出现在主界面的"剪辑草稿"栏中。

- **步骤 02** 打开剪映专业版工作界面，在工作界面右上角的"草稿参数"面板中单击 修改 按钮，如图 3-27 所示。

图 3-26

图 3-27

- **步骤 03** 打开"草稿设置"对话框，设置草稿名称为"玉米主图视频"，在"分辨率"下拉列表中选择"自定义"选项，设置长、宽分别为"1080""1080"，单击"自由层级"功能右侧的■■按钮，使其处于开启状态■■，如图3-28所示；单击"性能"选项卡，开启"代理模式"功能，然后单击■保存■按钮。

- **步骤 04** 在工作界面左上角的"媒体"选项卡中单击➕导入按钮，打开"请选择媒体资源"对话框，选择需要的素材（配套资源:\素材\项目三\玉米主图视频素材），如图3-29所示，单击[打开(O)]按钮导入素材。

✎ 经验之谈

开启"自由层级"功能后，可以通过调整轨道位置自由地修改轨道之间的层级关系，便于剪辑操作。开启"代理模式"功能后，可以在剪映专业版中提高剪辑视频的流畅程度，且不影响最终导出的视频质量。

图 3-28

图 3-29

- **步骤 05** 导入的素材将显示在工作界面左上角的"媒体"选项卡中，如图3-30所示。

图 3-30

↘ 活动2 剪辑主图视频素材

为了将多个素材剪辑为符合标准的一条视频，小艾需要在"时间轴"面板中

微课：剪辑主图
视频素材

按照时间顺序剪辑主图视频素材，具体操作如下。

● **步骤 01** 将"玉米1.mp4"素材拖曳到"时间轴"面板中，在"播放器"面板中拖曳画面定界框，调整其大小和位置，效果如图3-31所示。

● **步骤 02** 将时间指示器移至00:00:06:00处，单击"分割"按钮⫴或按【Ctrl+B】组合键，分割素材；再将时间指示器移至00:00:14:00处，按【Ctrl+B】组合键分割素材，如图3-32所示。

图 3-31

● **步骤 03** 选中分割后的中间段素材，按【Delete】键删除，此时"时间轴"面板如图3-33所示。

图 3-32

图 3-33

● **步骤 04** 将导入的"玉米2.mp4"素材拖曳到"时间轴"面板中素材的最右侧，在"播放器"面板中拖曳画面定界框，调整其大小和位置，效果如图3-34所示。

● **步骤 05** 由于"玉米2mp4"素材的画面色彩较暗淡，因此可在工作界面右上角单击"调节"选项卡，在其中的"基础"选项卡中设置"阴影""光感"分别为"22""20"，如图3-35所示。调整后的视频画面效果如图3-36所示。

图 3-34

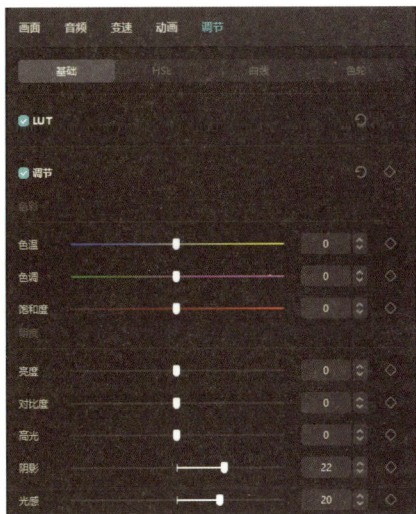

图 3-35

● **步骤 06** 使用相同的方法将"玉米3.mp4"素材添加到"时间轴"面板中素材的最右侧，在"播放器"面板中调整画面至合适大小和位置，在工作界面右上角单击"调节"选项卡，在其中的"基础"选项卡中设置"色调""亮度""光感"分别为"−11""7""12"，效果如图3-37所示。

● **步骤 07** 由于此时主图视频的总时长较长，因此可适当调快速度。在"时间轴"面板中选择左侧第一个"玉米1.mp4"素材，在工作界面右上角单击"变速"选项卡，在其中的"常规变速"选项卡中设置"倍数"为"1.2x"，下方的"时长"参数会自动根据"倍数"变化，如图3-38所示。

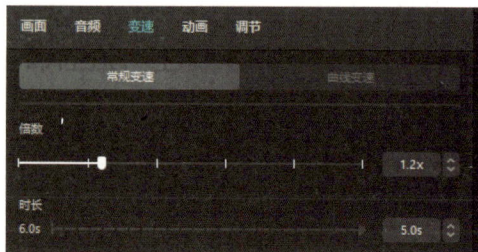

图3-36　　　　　　　　　　　图3-37　　　　　　　　　　　图3-38

● **步骤08**　使用相同的方法为其他素材变速，"倍数"均设置为"1.2x"。

↘ 活动3　添加视频转场和特效

　　小艾准备在不同的视频场景之间添加转场和特效，这样不仅能增强整个玉米主图视频的节奏和流畅性，还能增强玉米主图视频的趣味性，具体操作如下。

● **步骤01**　在"时间轴"面板中将时间指示器移至两个"玉米1.mp4"素材之间，在工作界面左上角单击"转场"选项卡，在"基础"列表中选择"叠化"转场，如图3-39所示，单击该转场右下角的"添加到轨道"按钮 ⊕。

● **步骤02**　"叠化"转场被添加至两个"玉米1.mp4"素材之间，在"时间轴"面板中显示为叠加的灰色色块，如图3-40所示。

图3-39　　　　　　　　　　　　　　　　　　　　　图3-40

● **步骤03**　在"时间轴"面板中将时间指示器移至"玉米1.mp4""玉米2.mp4"素材之间，在工作界面左上角单击"转场"选项卡，在"拍摄"列表中选择"抽象前景"转场，如图3-41所示，单击该转场右下角的"添加到轨道"按钮 ⊕。

● **步骤04**　"抽象前景"转场被添加至"玉米1.mp4""玉米2.mp4"素材之间。在"时间轴"面板中单击该转场的灰色色块，工作界面右上角将显示"转场"面板，设置"时长"为"1.0s"，如图3-42所示。

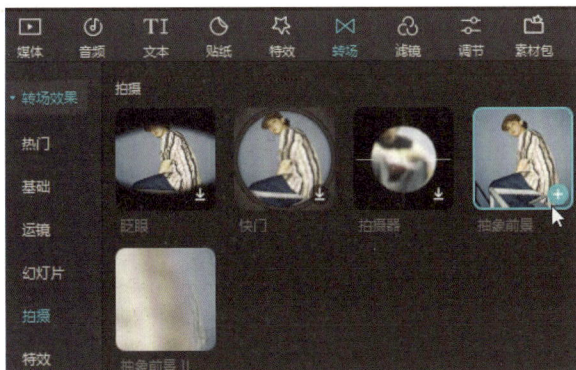

图 3-41

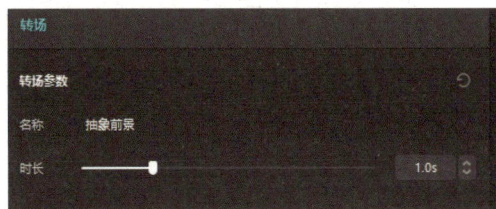

图 3-42

● **步骤 05** 将时间指示器移至 00:00:14:28 处，在工作界面左上角单击"特效"选项卡，在"自然"列表中选择"蒸汽腾腾"特效，如图 3-43 所示，单击该转场右下角的"添加到轨道"按钮 ⊕ 。

● **步骤 06** "时间轴"面板自动创建新的轨道，时间指示器右侧将显示新添加的特效。将鼠标指针移至特效终点，按住鼠标左键不放并向右拖曳特效终点至 00:00:27:09 处，如图 3-44 所示，然后释放鼠标左键。

图 3-43

● **步骤 07** 在"播放器"面板中预览特效，前后对比效果如图 3-45 所示。

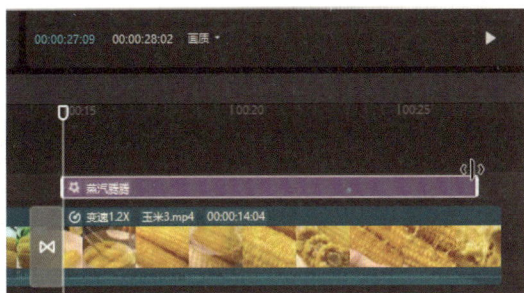

图 3-44

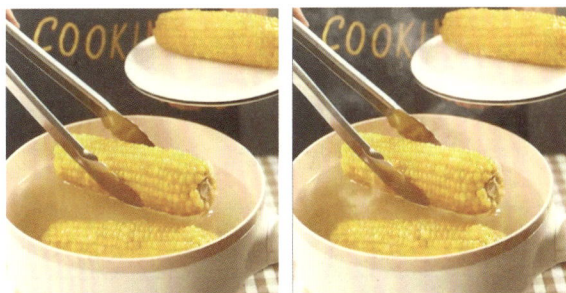

图 3-45

↘ 活动4 添加文字和背景音乐

为了更直观地介绍玉米，便于消费者理解，小艾准备在玉米主图视频中添加文字进行说明，并添加舒缓、自然的纯音乐作为背景音乐，烘托轻松、舒适的氛围，使玉米主图视频更具吸引力，具体操作如下。

微课：添加文字
和背景音乐

● **步骤 01** 将时间指示器移至 00:00:00:00 处，在工作界面左上方单击"文本"选项卡，展开"文字模板"栏，在"标签"列表中选择图 3-46 所示的模板，然后单击该模板右下角的"添加到轨道"按钮 ⊕ 。

● **步骤 02** "时间轴"面板中出现文本轨道，在轨道中选中上一步添加的文字模板，将时间指示器移至 00:00:01:05 处，在工作界面右上角的"文本"面板中将"第 1 段文本"设置为"黄金玉米带"，"第 2 段文本"设置为"生态环境好，盛产玉米"，如图 3-47 所示。

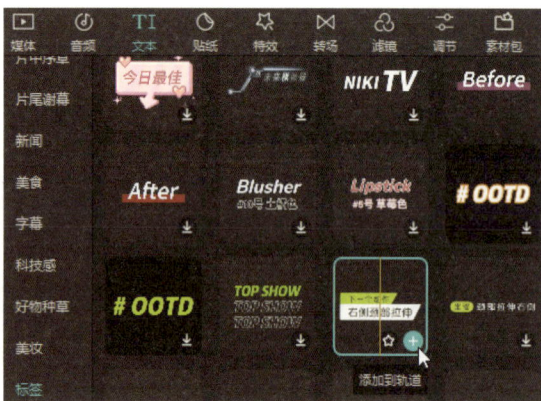

图 3-46

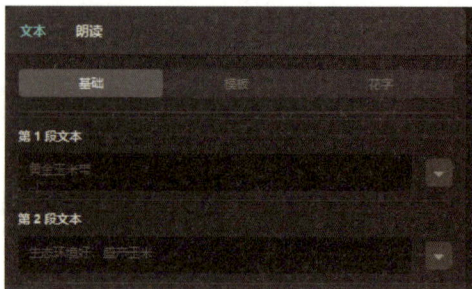

图 3-47

- **步骤 03** 在"播放器"面板中将文本移至画面左下角，效果如图 3-48 所示。
- **步骤 04** 在"时间轴"面板中拖曳文字模板的终点至 00:00:04:16 处，如图 3-49 所示。

图 3-48

图 3-49

- **步骤 05** 按【Ctrl+C】组合键复制文字模板，将时间指示器移至 00:00:07:04 处，按【Ctrl+V】组合键粘贴文字模板。
- **步骤 06** 在工作界面右上角的"文本"面板中将"第 1 段文本"设置为"独立真空包装"，"第 2 段文本"设置为"精挑细选大穗玉米"。
- **步骤 07** 在"时间轴"面板中拖曳文字模板的终点至 00:00:10:09 处，如图 3-50 所示。

图 3-50

- **步骤 08** 使用与步骤 05～步骤 07 相同的方法，为其他视频素材添加文字。
- **步骤 09** 在"时间轴"面板中的视频轨道最左侧单击"关闭原声"按钮，使其处于状态。
- **步骤 10** 将时间指示器移至 00:00:00:00 处，在工作界面左上角单击"音频"选项卡，展开"音乐素材"栏，在"纯音乐"列表中选择"星茶会"素材，如图 3-51 所示，单击该素材右下角的"添加到轨道"按钮，该素材被添加到"时间轴"面板的音频轨道中。

图 3-51

● **步骤 11**　选中"星茶会"素材，将时间指示器移至 00:00:16:00 处，按【Ctrl+B】组合键分割素材，删除分割后的前半段素材，然后将鼠标指针移至后半段素材上，按住鼠标左键不放，将素材拖曳到视频开始处。

● **步骤 12**　将时间指示器移至视频结束处，按【Ctrl+B】组合键分割"星茶会"素材，删除分割后的后半段素材。

● **步骤 13**　选中剩余的"星茶会"素材，工作界面右上方将显示"音频"选项卡，在其中的"基本"选项卡中设置"淡出时长"为"3.0s"，勾选"音频降噪"复选框，如图 3-52 所示。

● **步骤 14**　音频轨道中的"星茶会"素材末端显示一段黑色波形，如图 3-53 所示，表示该音频具有淡出效果。

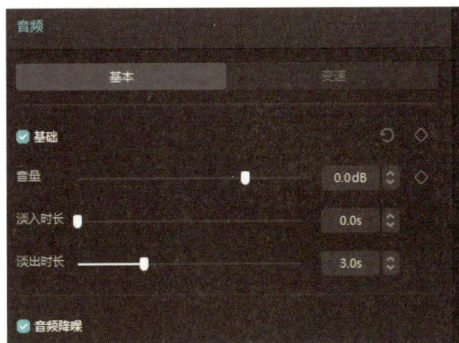

图 3-52

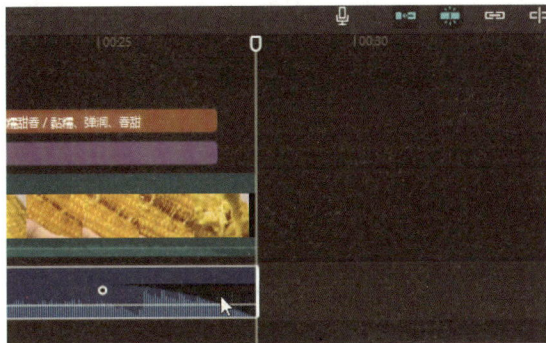

图 3-53

↘ 活动5　制作视频封面并导出视频

　　主图视频在商品页面中一开始显示为静态画面，这一静态画面就是主图视频封面。小艾打算以"珩农玉米"为主题制作视频封面，然后将玉米主图视频导出为 MP4 格式文件，以便上传到电商平台中。

微课：制作视频封面并导出视频

图 3-54

● **步骤 01**　在"时间轴"面板左侧单击 封面 按钮，打开"封面选择"对话框，在"视频帧"选项卡中选中视频最开始的画面，如图 3-54 所示，单击 去编辑 按钮。

● **步骤 02**　打开"封面设计"对话框，单击"文本"选项卡，展开"花字"栏，在其中选中图 3-55 所示的花字样式。

● **步骤 03**　"封面设计"对话框右侧的封面中显示出所选花字，修改其中的文本为"珩农玉米"，通过调整文本定界框移动并放大文本，单击 排列 按钮，在打开的"排列"面板中设置字间距为"4"，效果如图 3-56 所示。

● **步骤 04** 单击 完成设置 按钮，返回剪映专业版工作界面，在工作界面右上角单击 导出 按钮，打开"导出"对话框，设置"作品名称""导出至"等参数，如图 3-57 所示，单击 导出 按钮导出玉米主图视频，最终效果如图 3-58 所示（配套资源:\效果\项目三\玉米主图视频）。

图 3-55　　　　　　　　图 3-56　　　　　　　　图 3-57

图 3-58

素养小课堂

　　玉米属于食用农产品，我国作为农业大国，有着辽阔的疆域，农产品种类繁多。近年来，农村电商发展迅速，带动了农村地区的产业发展，促进了乡村振兴。网店美工在制作农产品视频时，需要先深入了解农产品的特质和优势，挖掘农产品的背景故事，如地理位置、种植技术、培育人的故事、乡村特色等，以艺术的手法表现农产品的健康、朴实、自然等特点。

同步实训——制作家电主图和主图视频

实训要求

　　某生活电器类网店参加了电商平台的"七夕礼遇季"活动，需要为家电商品更换具有促销氛围的商品主图和主图视频。该网店提供了电热锅商品图片及视频素材，用于制作新的家电主图和主图视频，要求主图图片尺寸为 800 像素 ×800 像素，视频尺寸为 960 像素 ×1280 像素，能够清晰、直观地展示电热锅的卖点，如多挡控温、超大容量、多功能等，并通过文字和画面吸引消费者。家电主图和主图视频的参考效果如图 3-59 所示。

图 3-59

实训提示

　　● **步骤 01**　启动 Photoshop，新建大小为"800 像素 ×800 像素"、分辨率为"72 像素 / 英寸"、名称为"电热锅主图"的文件。

　　● **步骤 02**　将背景填充为渐变紫色，使用形状工具组和"画笔工具" ∕.绘制图 3-60 所示的图形。

　　● **步骤 03**　置入"电热锅 .tif"素材（配套资源 :\ 素材 \ 项目三 \ 电热锅 .tif），将素材创建为白色圆角矩形图层的剪贴蒙版，然后适当增加素材的饱和度，并为白色圆角矩形添加"内发光"图层样式，为右上角的圆角矩形添加"渐变叠加""斜面和浮雕"图层样式，效果如图 3-61 所示。

　　● **步骤 04**　使用"横排文字工具" T.输入图 3-62 所示的文字，并适当调整文字大小和位置。

● **步骤 05** 为"129"文字添加"渐变叠加"图层样式，为所有文字适当添加"投影"图层样式，丰富画面效果，效果如图 3-63 所示。按【Ctrl+S】组合键保存文件（配套资源:\效果\项目三\电热锅主图 .psd）。

图 3-60

图 3-61

图 3-62

图 3-63

● **步骤 06** 启动剪映专业版，新建名称为"电热锅主图视频"，长、宽分别为"1080""1080"的草稿。

● **步骤 07** 导入电热锅视频素材（配套资源:\素材\项目三\电热锅），按照时间顺序剪辑视频素材，适当调整视频的播放速度。

● **步骤 08** 为视频添加文字、贴纸和背景音乐，然后导出电热锅主图视频（配套资源:\效果\项目三\电热锅主图视频 .mp4）。

项目小结

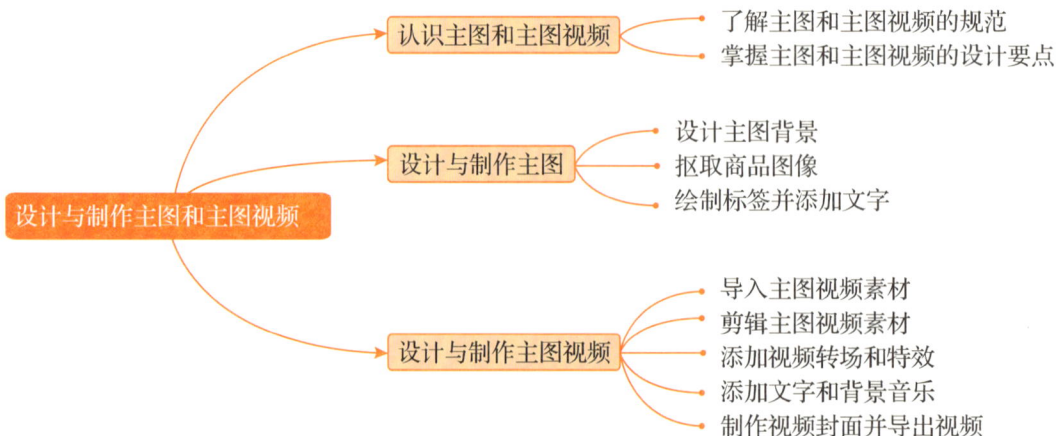

肉

果肉脆嫩 颗粒饱满
汁多化渣 美味可口

味

清甜可口 柑香味浓
酸甜多汁 美味怡人

项目四
设计与制作商品详情页

主图和主图视频主要用来吸引消费者，而想让消费者了解商品信息，促成商品交易，还需要制作商品详情页。老李让小艾为"珩农"农产品网店制作柑橘详情页，详细展示柑橘的卖点、产地、规格、配送等信息，让消费者详细了解柑橘，讲而促成商品交易。

➡ 知识目标

- 了解商品详情页的内容。
- 掌握商品详情页的设计思路。

➡ 技能目标

- 能够设计商品详情页的各个板块。
- 能够制作完整的农产品商品详情页。

➡ 素养目标

- 提高商品详情页的页面布局能力和处理商品信息的能力。
- 遵守电商平台规则，实事求是，不做虚假宣传。

任务一 认识商品详情页

任务描述

商品详情页是消费者了解商品信息的主要途径，为了更好地设计与制作柑橘详情页，提升详情页对消费者的吸引力，小艾准备搜索一些水果类商品的详情页，分析这类商品详情页的特点，明确柑橘详情页的内容，梳理出柑橘详情页的设计思路。

任务实施

活动1 明确商品详情页的内容

商品详情页是展示商品详细信息的页面，主要用于介绍商品的外形、尺寸、材质、颜色、功能、使用方法等内容。商品详情页的内容因商品属性的不同而不同，小艾通过电商平台搜索了一些水果类商品的详情页，通过观察，小艾了解到这类商品详情页的内容主要包括焦点图、商品卖点及细节图、商品其他信息图、商品规格参数图、商品配送及售后图等，如图4-1所示。

图 4-1

● **焦点图**。焦点图一般位于商品详情页的最上方，用于展示商品卖点、促销活动和特价优惠等促销信息，以及品牌形象和设计理念。焦点图不局限于展示当前出售的商品，还可以展示店铺中的其他商品或促销信息。

- **商品卖点及细节图**。商品卖点是指商品的材质、款式、功能等与众不同的特点，商品细节则是指商品的功能说明、工艺细节、服务说明等消费者感兴趣的细节信息。商品卖点和商品细节组合在一起，通过图文结合的方式呈现在商品详情页中，成为商品卖点及细节图，主要用于加深消费者对商品的认识和了解，体现商品品质，赢得消费者好感。
- **商品其他信息图**。商品其他信息图一般用于展示商品的工艺、产地、材质、使用场景等，并根据商品的特点选择其中的一个、两个或多个内容进行展示。商品其他信息图通过直观的图文搭配进行展示，文字不宜过多，要让消费者一目了然，突出商品的特点。
- **商品规格参数图**。商品规格参数图（即商品详细参数图）主要用于标准化地展示商品的名称、尺寸、颜色、数量、容量等内容，以便消费者准确把握商品的规格参数。
- **商品配送及售后图**。商品配送及售后图主要包括商品的包装、服务承诺、品质保障、7天无理由退换货等信息，其目的是用真挚的服务打消消费者购物的顾虑，促使消费者购买商品。

线上购买柑橘的消费者十分注重柑橘的味道、是否多汁、果皮的厚薄、新鲜程度、种植环境等，因此，小艾结合商品详情页各组成板块的特点和消费者的需求进行分析后，确定了柑橘详情页的内容，如图 4-2 所示。

❶ 焦点图
主要展示柑橘香甜多汁、果肉新鲜

❷ 卖点及细节图
主要展示柑橘的新鲜有机、美味营养、爽口多汁的卖点，以及果形、果肉、果味等细节

❸ 产地信息图
主要展示柑橘的种植基地、生长方式、采摘方式等产地相关信息

❹ 详细参数图
主要展示柑橘的品牌、净含量、保质期、储藏方法、味道口感等信息

❺ 配送及售后图
主要展示柑橘的退货、发货、赔付等信息

图 4-2

📝 经验之谈

要想通过商品详情页赢得消费者的信任，可从完善商品细节、挖掘消费者痛点和商品卖点、对比同类商品、添加第三方评价、引导消费者情感、塑造拥有感等方面入手，并通过品牌介绍、欲购从速等手段号召犹豫不决的消费者快速下单。

↘ 活动2 梳理商品详情页的设计思路

商品详情页的制作是一项系统且完整的工作，为了制作出能激发消费者的购买欲望、赢得消费者的信任、打消消费者的疑虑、促使消费者下单的商品详情页，小艾根据柑橘的相关信息，梳理出柑橘详情页的整体设计思路。

1. 提炼商品卖点

柑橘是具有强烈地域特色的农产品，其消费群体具有亲近自然、追求绿色健康的生活方式等特点。综合商家提供的信息，小艾将该款柑橘的卖点归纳为新鲜、美味营养、爽口多汁等。

2. 确定设计风格

商品详情页的设计风格可根据商品的特点进行选择，柑橘朴实、自然，其商品详情页可以选取与柑橘本身意境匹配的、能够传递清新自然之感的风格。

3. 准备设计素材

设计素材一般包括商品的实拍图（如产地图片、采摘图片、细节图片等），以及从网络上下载的符合设计风格的背景素材、装饰素材和其他素材等，如图4-3所示。

图 4-3

4. 确定配色方案

柑橘的果肉和果皮均为橙色，有少量绿色点缀，因此柑橘详情页的主色可确定为橙色，与少量的绿色形成对比，再将白色作为部分文字的颜色以突显信息。柑橘详情页的配色方案如图4-4所示。

主色
#fc9c0e
#fca900

辅助色
#65c804

图 4-4

5. 选择合适的字体

柑橘详情页中包含大量的介绍文字，为了使这些信息便于识别，可选择"思源黑体 CN""思源宋体 CN"作为小标题和大量正文的字体，并调整文字的大小、粗细、颜色，区分不同的信息层级。焦点图、配送及售后图中需要突出展示大标题，可以选用"方正粗倩简体"，以加深消费者对文字内容的印象，同时使画面更具层次感。柑橘详情页所用的字体如图 4-5 所示。

大标题：
方正粗倩简体

小标题：
思源黑体 CN Heavy　**思源黑体 CN Bold**
思源宋体 CN Heavy

正文：
思源黑体 CN Normal　**思源黑体 CN Medium**

图 4-5

6. 制作商品详情页

商品详情页使用竖向版式，一般直接在 Photoshop 中制作。因此，在制作柑橘详情页时，可在 Photoshop 中创建宽度为 750 像素的竖版文件，制作柑橘详情页中的每个板块，同时采取竖向卡片式布局，尽量减少图片并排。

素养小课堂

为了规范化管理网店和商品，给消费者提供良好的浏览体验，主流电商平台对商品详情页中的内容制定了一系列规范。例如，淘宝网规定商品描述中对商品的性能、功能、产地、用途、质量、成分、价格、生产者、有效期限、承诺等应当准确、清楚地表示；法律法规或行业规范中要求明示的内容，应当显著、清晰地表示，如食品、化妆品类的临保商品应明示质保期或过期时间等。网店美工在制作商品详情页时，应严格遵循设计规范，养成良好的职业素养。

任务二　设计与制作商品焦点图

任务描述

柑橘的商品焦点图需要展现出柑橘香甜多汁、果肉新鲜的特点。为了达到这种效果，小艾听取了老李的意见，准备先合成焦点图背景，营造新鲜、温暖的氛围；再抠取柑橘图像，并将其展示在背景中央以突出强调；最后设计文字和装饰形状，丰富焦点图画面，使其更美观、吸睛。

任务实施

↘ 活动1　合成焦点图背景

微课：合成焦点图背景

　　柑橘的果皮为橙色，为了使焦点图背景与柑橘的色彩搭配和谐，小艾准备将橙色作为背景图的主色，并将柑橘切片作为装饰，再通过柑橘汁、绿叶等素材营造柑橘新鲜、汁水充沛的氛围，具体操作如下。

● **步骤01**　启动 Photoshop，新建大小为"750 像素 ×1000 像素"、分辨率为"72 像素 / 英寸"、名称为"焦点图"的文件。

● **步骤02**　选择"渐变工具" ■，在工具属性栏中设置渐变颜色为"#f8deb6 ～ #ffc66d"，单击"径向渐变"按钮 ■，将鼠标指针移至图像编辑区中央，按住鼠标左键不放并向图像编辑区边缘拖曳鼠标，然后释放鼠标左键，填充背景。

● **步骤03**　打开"装饰 .psd"素材（配套资源 :\ 素材 \ 项目四 \ 装饰 .psd），将柑橘切片、绿叶等素材拖曳到"焦点图 .psd"文件中，调整素材的位置和大小，效果如图 4-6 所示。

● **步骤04**　置入"果汁 .jpg"素材（配套资源 :\ 素材 \ 项目四 \ 果汁 .jpg），在"图层"面板中将其拖曳至"背景"图层上方，效果如图 4-7 所示。

● **步骤05**　将鼠标指针移至"图层"面板中的"果汁"图层上，单击鼠标右键，在弹出的快捷菜单中选择"栅格化图层"命令，单击"图层"面板底部的"添加图层蒙版"按钮 ■，按住【Shift】键不放，使用"魔棒工具" ✦ 在果汁图像的空白背景处连续单击创建选区，然后按【Delete】键删除空白区域，删除后的背景效果如图 4-8 所示。

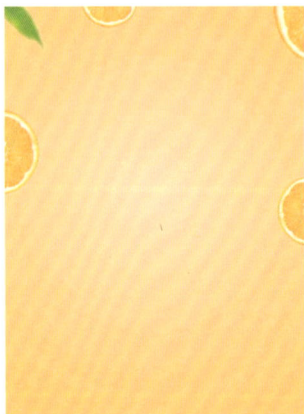

图 4-6　　　　　　　　　　　图 4-7　　　　　　　　　　　图 4-8

↘ 活动2　抠取并美化商品图像

微课：抠取并美化商品图像

　　由于拍摄的柑橘图片带有原始背景，小艾想重新设计柑橘的展示效果，因此需要先抠图，再添加一个木质托盘，用于放置柑橘，以增加美观度，具体操作如下。

● **步骤01**　置入"柑橘 .jpg"素材（配套资源 :\ 素材 \ 项目四 \ 柑橘 .jpg），调整素材至合适的大小和位置，对"柑橘"图层执行"栅格化图层"命令，然后使用"魔棒工具" ✦ 在图像空白处单击，效果如图 4-9 所示。

● 步骤 02　按【Delete】键删除空白区域，抠取出柑橘图像，再按【Ctrl+D】组合键取消选区。

● 步骤 03　选择"图层"/"图层样式"/"投影"命令，打开"图层样式"对话框，设置投影颜色为"#bf661e"，其他参数设置如图 4-10 所示。

● 步骤 04　单击 确定 按钮返回图像编辑区，效果如图 4-11 所示。

图 4-9

图 4-10

图 4-11

● 步骤 05　置入"木盘 .png"素材（配套资源 :\ 素材 \ 项目四 \ 木盘 .png），调整素材至合适的大小和位置，使用与步骤 03 相同的方法为木盘添加"投影"图层样式，设置投影颜色为"#e36703"，其他参数设置如图 4-12 所示。最终效果如图 4-13 所示。

图 4-12

图 4-13

↘ 活动3　设计文字和装饰形状

　　柑橘焦点图中的文字主要包括标题和说明文字。标题文字为"新鲜柑橘"，用于表达商品名称；说明文字为"科学种植""香甜多汁"，用于表达主要卖点。小艾需要输入文字，设置文字样式，并添加装饰图形以丰富焦点图的内容，具体操作如下。

微课：设计文字和装饰形状

● 步骤 01　选择"横排文字工具"**T**，输入图 4-14 所示的文字，设置字体为"方正粗倩简体"，中文的颜色分别为"#fe8d01""白色"，英文的颜色为"#ff7e1a"。

● 步骤 02　为"新鲜"文字添加"外发光"图层样式，设置外发光颜色为"白色"，其他参数设置如图 4-15 所示。

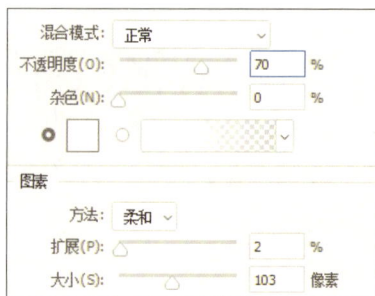

图 4-14　　　　　　　　　　　　　　　　　　　图 4-15

● 步骤 03　为"柑橘"文字添加"描边"图层样式，设置描边颜色为"白色"，其他参数设置如图 4-16 所示，效果如图 4-17 所示。

● 步骤 04　选择"直线工具"✏.，在工具属性栏中设置填充颜色、粗细分别为"#ff7209""6 像素"，按住鼠标左键不放并从标题右上角向左下角拖曳鼠标绘制直线段，将"新鲜""柑橘"文字划分开。

● 步骤 05　在"图层"面板底部单击"添加图层蒙版"按钮◙，选择"橡皮擦工具"✎.，在工具属性栏中设置画笔笔尖为"硬边圆"，在图像编辑区中擦除线条中间的部分，效果如图 4-18 所示。

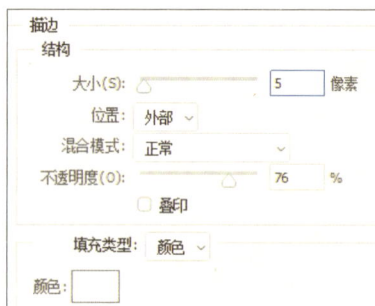

图 4-16　　　　　　　　　　图 4-17　　　　　　　　　　图 4-18

● 步骤 06　选择"椭圆工具"○.，在工具属性栏中取消填充，设置描边颜色、描边宽度分别为"#ff7209""2 像素"，在标题周围绘制 3 个空心圆，效果如图 4-19 所示。

● 步骤 07　选择"圆角矩形工具"▢.，在工具属性栏中取消描边，设置填充颜色、半径分别为"#ffaf1c""6 像素"，在"香 / 甜 / 多 / 汁"文字下层绘制一个圆角矩形，效果如图 4-20 所示。

● 步骤 08　打开"标签 .psd"素材（配套资源 :\ 素材 \ 项目四 \ 标签 .psd），将其中的标签素材移至焦点图标题的左下方，然后在标签上输入"科学种植"文字，效果如图 4-21 所示。按【Ctrl+S】组合键保存文件（配套资源 :\ 效果 \ 项目四 \ 焦点图 .psd）。

图 4-19

图 4-20

图 4-21

任务三 设计与制作商品卖点及细节图

任务描述

　　制作完商品焦点图后，小艾准备继续使用商品焦点图的配色和宽度，进行商品卖点及细节图的设计。为了更好地展示柑橘的新鲜可口、美味营养、爽口多汁的卖点，以及果形、果肉、果味、营养等细节，老李建议小艾制作卖点展示板块和细节展示板块。

任务实施

↘ 活动1 制作卖点展示板块

微课：制作卖点
展示板块

　　小艾从客户提供的相关资料中总结了柑橘的3个主要卖点——"新鲜可口""美味营养""爽口多汁"，为了直观地展示这些卖点，小艾准备以"卡片＋图标"的形式进行设计，具体操作如下。

- 步骤01　启动 Photoshop，新建大小为"750 像素 ×3600 像素"、分辨率为"72 像素 / 英寸"、名称为"卖点及细节图"的文件。
- 步骤02　设置背景色为"#fca900"，按【Ctrl+Delete】组合键填充背景。
- 步骤03　选择"圆角矩形工具"□，在工具属性栏中设置填充颜色、描边颜色、描边宽度、半径分别为"白色""#ff5400 ～ #ffff00 ～ #ffe8a9""10 像素""40 像素"，在图像编辑区顶部绘制一个圆角矩形。
- 步骤04　选择"直线工具"╱，在工具属性栏中设置填充颜色、粗细分别为"#fc9c0e""3 像素"，在圆角矩形中绘制两条直线段，效果如图 4-22 所示。
- 步骤05　选择"横排文字工具"**T**，输入图 4-23 所示的文字。选择"窗口"/"字符"命令，打开"字符"面板，设置字体、颜色分别为"思源黑体 CN""#3e3e3e"，适当调整文字的大小、间距和位置。

- **步骤 06** 置入"卖点图标 .png"素材（配套资源 :\ 素材 \ 项目四 \ 卖点图标 .png），调整素材至合适的大小和位置，为该图层添加"渐变叠加"图层样式，设置渐变颜色为"橙，黄 , 橙渐变"，效果如图 4-24 所示。将以上的所有图层创建为"卖点"图层组。

图 4-22

图 4-23

图 4-24

↘ 活动2　制作细节展示板块

　　为了增强消费者对柑橘的信任感，小艾准备从消费者的角度出发，从柑橘的果形、果肉、果味、营养等方面设计细节展示板块，在颜色方面可继续用橙色为主色，使整个设计更加统一，具体操作如下。

微课：制作细节
展示板块

- **步骤 01** 使用"钢笔工具" ✑ 在卖点展示板块下方绘制图 4-25 所示的白色波浪形状。
- **步骤 02** 使用"矩形工具" ▭ 在白色波浪形状下方绘制大小为 752 像素 ×2000 像素的白色矩形，然后使用"钢笔工具" ✑ 在矩形下方绘制另一个白色波浪形状，如图 4-26 所示。
- **步骤 03** 选择"横排文字工具" **T.**，在顶部的白色波浪形状下方分别输入"DETAIL DISPLAY""细节展示"文字，设置颜色分别为"#e6e6e6""#fc9c0e"，字体均为"思源黑体 CN"，字体样式分别为"Medium""Bold"，适当调整文字的大小和位置。
- **步骤 04** 置入"Orange.png"素材（配套资源 :\ 素材 \ 项目四 \Orange.png），将其置于"细节展示"文字左侧，如图 4-27 所示，将此步骤和步骤 03 中的 3 个图层创建为"小标题"图层组。

图 4-25

图 4-26

图 4-27

- **步骤 05** 使用"矩形工具" ▭ 在小标题下方绘制图 4-28 所示的 3 个矩形，颜色分别为"#fc9c0e""白色""#65c804"。
- **步骤 06** 置入"细节 1.jpg"素材（配套资源 :\ 素材 \ 项目四 \ 细节 1.jpg），在"图层"面板中将"细节 1"图层拖曳至橙色矩

图 4-28

形图层上方，将鼠标指针移至"细节 1"图层，单击鼠标右键，在弹出的快捷菜单中选择"创建剪贴蒙版"命令，将"细节 1"图层创建为橙色矩形图层的剪贴蒙版。

● 步骤 07　为了使柑橘细节的效果更加美观，还可以适当对其调色，这里使用"曲线"命令调亮"细节 1"图层，再使用"色彩平衡"命令适当增大黄色的比例，具体参数设置如图 4-29 所示。

● 步骤 08　选择"直排文字工具" ↓T,，在绿色矩形上输入图 4-30 所示的文字，设置字体分别为"思源宋体 CN""思源黑体 CN"，颜色均为"白色"，适当调整文字的大小、间距和位置。

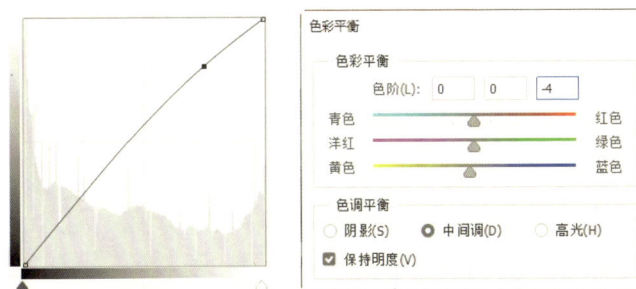

图 4-29

图 4-30

● 步骤 09　将"形"细节展示包含的所有图层创建为"细节 1"图层组，复制该图层组两次，依次修改复制的细节图片和文字描述，并根据需要调整图片的亮度和颜色，效果如图 4-31 所示。

● 步骤 10　新建图层，设置前景色为"#ffdf9e"，选择"画笔工具" ✐,，在工具属性栏中设置画笔的笔尖样式、大小分别为"柔边圆""900 像素"，在图像编辑区底部的橙色区域中央单击，绘制一个边缘柔和的圆。

● 步骤 11　复制之前制作的绿色矩形及其上的"味"文字图层至下方橙色区域的左上角，将复制后的图层移至"图层"面板最上层，修改矩形大小和其中的文字，效果如图 4-32 所示。

图 4-31

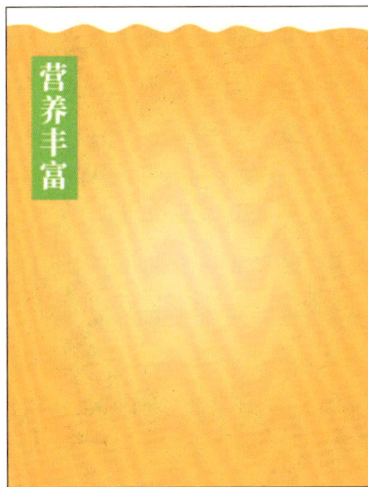

图 4-32

- **步骤 12** 新建"营养"图层组，置入"营养丰富 .png"素材（配套资源:\ 素材 \ 项目四 \ 营养丰富 .png），为其添加"外发光"图层样式，然后使用"钢笔工具" ✎.在该素材下方绘制两条白色弧线，如图 4-33 所示。

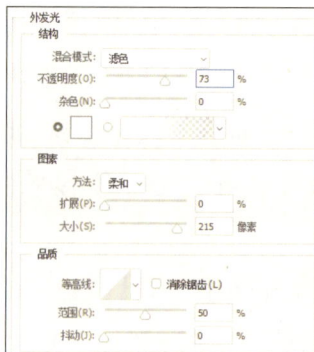

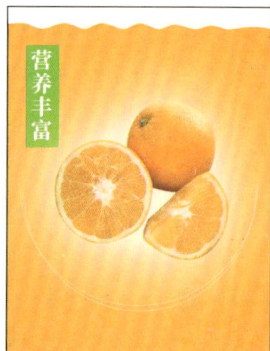

- **步骤 13** 使用"椭圆工具" ○.在柑橘周围绘制 5 个大小不同的白色的圆，然后使用"横排文字工具" T.在圆上分别输入柑橘的营养成分。

- **步骤 14** 打开"绿叶 .psd"素材（配套资源:\ 素材 \ 项目四 \ 绿叶 .psd），将其中的所有内容拖入"卖点及细节图 .psd"文件中，用于装饰底部画面，效果如图 4-34 所示。

- **步骤 15** 按【Ctrl+S】组合键保存文件（配套资源:\ 效果 \ 项目四 \ 卖点及细节图 .psd），卖点及细节图的最终效果如图 4-35 所示。

图 4-33

图 4-34

图 4-35

任务四　设计与制作商品产地信息图

任务描述

由于不同的土壤种植出来的同一种水果的口感不同，因此消费者在选购水果时比较注重产地。为了清晰地介绍产地，老李建议小艾从科学种植、自然生长、人工严选 3 个方向进行说明，先确定各个板块的布局，再添加相关文字和图片。

任务实施

活动1　布局产地信息图

在设计产地信息图的布局时，小艾准备先确定小标题的位置，然后通过绘制形状确定产地信息的位置和留白，具体操作如下。

微课：布局产地信息图

- **步骤 01**　启动 Photoshop，新建大小为"750 像素 × 2950 像素"、分辨率为"72 像素 / 英寸"、名称为"产地信息图"的文件。

- **步骤 02**　将"卖点及细节图 .psd"文件中的白色波浪形状复制到"产地信息图 .psd"文件中图像编辑区顶部，并为其添加"颜色叠加"图层样式，设置叠加颜色为"#fca900"。

- **步骤 03**　将"卖点及细节图 .psd"文件中的"小标题"图层组复制到"产地信息图 .psd"文件中，分别修改其中的文字为"ORIGIN INFORMATION""产地信息"。

- **步骤 04**　打开"产地信息 .psd"素材（配套资源 :\ 素材 \ 项目四 \ 产地信息 .psd），将其中的"图标"图层拖入"产地信息图 .psd"文件中，效果如图 4-36 所示。

图 4-36

- **步骤 05**　选择"圆角矩形工具" ⬜.，在工具属性栏中设置填充颜色、描边颜色、描边宽度、半径分别为"白色""#fc9c0e""8 像素""50 像素"，在图标下方绘制一个大小为 710 像素 ×790 像素的圆角矩形。

- **步骤 06**　为该圆角矩形图层添加"内阴影"图层样式，设置内阴影颜色为"#ff8a00"，其他参数设置如图 4-37 所示，效果如图 4-38 所示。

图 4-37

- **步骤 07**　选择"圆角矩形工具" ⬜.，在工具属性栏中取消描边，设置填充颜色、半径分别为"#fc9c0e""28 像素"，在圆角矩形内部上方绘制一个小圆角矩形；在工具属性栏中修改填充颜色、半径分别为"#65c804""40 像素"，在圆角矩形内部下方绘制一个较大的圆角矩形，效果如图 4-39 所示。

- **步骤 08**　复制一大一小两个橙色的圆角矩形，将复制后的图形移至大圆角矩形下方，使用"圆角矩形工具" ⬜. 在复制的大圆角矩形内部绘制两个大小为 309 像素 ×447 像素的绿色圆角矩形，效果如图 4-40 所示。

图 4-38

图 4-39

图 4-40

- **步骤 09** 复制图 4-39，将复制后的图形移至图像编辑区最下方。

↘ 活动2　输入产地信息

微课：输入产地信息

完成产地信息图的布局后便可依次添加具体内容。由于柑橘的产地信息包含的文字较多，小艾准备为这些信息设置不同的字号、颜色、字体样式、间距、位置等，以划分信息层级，具体操作如下。

- **步骤 01** 选择"横排文字工具" T.，在工具属性栏中设置字体、字体样式、文字颜色分别为"思源黑体 CN""Bold""白色"，在第一个橙色实心的圆角矩形中输入"科学种植"文字。

- **步骤 02** 选择"横排文字工具" T.，在工具属性栏中设置字号、字体样式、文字颜色分别为"44 点""Medium""#fa9d38"，在"科学种植"文字下方输入"果园基地科学化管理"文字。

- **步骤 03** 在工具属性栏中修改字号、文字颜色分别为"28 点""#666666"，在下方继续输入更加详细的果园基地介绍文字，效果如图 4-41 所示。

- **步骤 04** 使用与步骤 01、步骤 02 和步骤 03 相同的文字参数，在后面的板块中依次输入其他产地信息，效果如图 4-42 所示。

图 4-41

图 4-42

↘ 活动3 添加产地图片

产地信息必须搭配真实的图片才能获取消费者的信任，同时也便于消费者理解文字信息。由于某些产地图片不够美观，因此小艾需要对图片进行美化处理，具体操作如下。

● **步骤 01** 置入"产地 1.jpg"素材（配套资源 :\ 素材 \ 项目四\产地 1.jpg），在"图层"面板中对该图层执行"栅格化图层"命令，并将该图层拖曳至"科学种植"板块的绿色圆角矩形所在图层的上方，效果如图 4-43 所示。

● **步骤 02** 果园图片存在发灰、曝光不足的问题，可选择"图像"/"调整"/"曝光度"命令，打开"曝光度"对话框，设置曝光度、位移、灰度系数校正分别为"0.25""−0.0682""1.23"，单击 确定 按钮，然后将该图片图层创建为下方图层的剪贴蒙版，效果如图 4-44 所示。

图 4-43

● **步骤 03** 置入"产地 2.jpg、产地 3.jpg、产地 4.jpg"素材，在其他 3 个绿色圆角矩形上分别添加这 3 张产地图片并创建剪贴蒙版，效果如图 4-45 所示。

图 4-44

图 4-45

● **步骤 04** 运用"色彩平衡""阴影 / 高光"命令适当调整产地图片的颜色和亮度，美化后的效果如图 4-46 所示。

图 4-46

● **步骤 05** 将每个板块包含的图层分别创建为板块图层组，然后复制图像编辑区顶部的波浪形状至图像编辑区底部，选择"编辑"/"变换"/"垂直翻转"命令。

● **步骤 06** 按【Ctrl+S】组合键保存文件（配套资源 :\ 效果 \ 项目四 \ 产地信息图 .psd），产地信息图的最终效果如图 4-47 所示。

图 4-47

任务五　设计与制作商品详细参数图

任务描述

　　为了使消费者更加深入地了解该商品，小艾还需要制作一张以文字为主、图片为辅，布局工整、画面简洁的商品详细参数图，包括柑橘的品名、数量、规格、储藏方法、生产日期等信息。

任务实施

↘ 活动1　布局商品详细参数图

　　当商品详细参数图中的信息较多时，确定每组参数文字的相对位置就非常重要。小艾准备先绘制形状分割画面，明确文字、图片的相对位置和整体大小，做好商品详细参数图的整体布局，具体操作如下。

微课：布局商品详细参数图

- **步骤 01**　启动 Photoshop，新建大小为"750 像素 × 1400 像素"、分辨率为"72 像素 / 英寸"、名称为"详细参数图"的文件。
- **步骤 02**　设置背景色为"#fca900"，按【Ctrl+Delete】组合键填充背景。
- **步骤 03**　置入"柑橘背景 .jpg"素材（配套资源 :\ 素材 \ 项目四 \ 柑橘背景 .jpg），调整其大小和位置。
- **步骤 04**　选择"圆角矩形工具"▢，在工具属性栏中取消描边，设置填充颜色、半径分别为"白色""40 像素"，在柑橘背景中央绘制一个圆角矩形，并在"图层"面板中设置该圆角矩形图层的"不透明度"为"85%",效果如图 4-48 所示。

- **步骤 05** 将"产地信息图 .psd"文件中的"小标题"图层组复制到"详细参数图 .psd"文件中,分别修改其中的文字为"CITRUS ARCHIVES""柑橘档案"。

- **步骤 06** 将"产地信息图 .psd"文件中底部的橙色波浪形状复制到"详细参数图 .psd"文件中,调整其大小和位置,效果如图 4-49 所示。

- **步骤 07** 选择"钢笔工具" ,在工具属性栏中设置工具模式、描边颜色、描边宽度、描边类型分别为"形状""#fca900""3 像素""虚线",取消填充,在圆角矩形中绘制 9 条虚线,如图 4-50 所示。

↘ 活动2 输入商品详细参数

小艾在权衡了客户提供的商品基础信息后,选择了一些必要的参数和注意事项进行介绍,使商品详情页的内容更有说服力,具体操作如下。

微课:输入商品详细参数

- **步骤 01** 选择"横排文字工具" T ,在工具属性栏中设置字体、字号、字体样式、文字颜色分别为"思源黑体 CN""36 点""Medium""#767676",在第一条虚线上方输入"品牌:珩农"文字;继续使用"横排文字工具" T 在其他虚线上方输入相关的详细参数。

- **步骤 02** 在工具属性栏中修改字号、字体样式、文字颜色分别为"42 点""Bold""白色",在图像编辑区底部的橙色区域中输入"注意事项:"文字,然后在工具属性栏中修改字号为"36 点",在该文字下方输入详细的注意事项内容。

- **步骤 03** 按【Ctrl+S】组合键保存文件(配套资源 :\ 效果 \ 项目四 \ 详细参数图 .psd),商品详细参数图的最终效果如图 4-51 所示。

图 4-48　　　　　图 4-49　　　　　图 4-50　　　　　图 4-51

任务六　设计与制作商品配送及售后图

任务描述

　　水果的配送和售后服务同样是消费者非常关注的事情，因此在商品详情页的最后，小艾还要制作商品配送及售后图，用于展示发货事项和售后问题的解决方案。由于商品配送及售后图相对独立，因此老李建议小艾重新设计背景和标题，再添加配送和售后细则，让消费者感受到店铺的诚意，打消消费者的顾虑，增加消费者对该店铺的好感。

任务实施

↘ 活动1　制作背景与标题

　　在商品详情页中，商品配送及售后图位于商品详细参数图下方，因此小艾准备沿用商品详细参数图的橙色背景，使两张图融合得更加自然。为了让背景富有变化，小艾准备先制作橙黄色的渐变效果，然后在顶部添加"配送及售后"小标题，具体操作如下。

微课：制作背景与标题

- **步骤 01**　启动 Photoshop，新建大小为"750 像素 × 1570 像素"、分辨率为"72 像素 / 英寸"、名称为"配送及售后图"的文件。

- **步骤 02**　设置背景色为"#fca900"，按【Ctrl+Delete】组合键填充背景。

- **步骤 03**　设置前景色为"#ffbf2b"，选择"画笔工具" ✎，在工具属性栏中设置画笔的笔尖样式、大小分别为"柔边圆""600 像素"，在背景中央从上至下进行拖曳，效果如图 4-52 所示。

- **步骤 04**　设置前景色为"#ffd268"，使用"画笔工具" ✎在背景中央从上至下进行拖曳，效果如图 4-53 所示。

图 4-52　　　　　图 4-53

- **步骤 05**　选择"横排文字工具" T，在"字符"面板中设置字体、字号、字距、文字颜色分别为"方正粗倩简体""72 点""110""白色"，在图像编辑区顶部输入"配送及售后"文字。

- **步骤 06**　选择"直线工具" ✎，在工具属性栏中设置填充颜色、粗细分别为"白色""6 像素"，在"及"文字下方绘制一条短横线；修改粗细为"2 像素"，在标题下方绘制一条长横线，效果如图 4-54 所示。

- **步骤 07**　在"图层"面板中选中长横线图层，单击面板底部的"添加图层蒙版"按钮 ▢，然后选择"橡皮擦工具" ✎，在工具属性栏中设置笔尖样式、大小分别为"柔边圆""136 像素"，适当擦除长横线的两端，制作出图 4-55 所示的渐隐效果。

图 4-54　　　　　　　　　　　　　图 4-55

- **步骤 08**　选择"椭圆工具"○.，在工具属性栏中取消描边，设置填充颜色为"白色"，在底部绘制一个大小为 948 像素 × 622 像素的椭圆，调整其位置，如图 4-56 所示。

- **步骤 09**　选择"椭圆工具"○.，在图像编辑区左侧绘制 3 个大小为 193 像素 × 193 像素的圆。

- **步骤 10**　复制 3 条步骤 06 中绘制的短横线，将复制的 3 条短横线分别排列在 3 个圆的右侧，效果如图 4-57 所示。

活动2　添加配送及售后细则

　　确定了背景、标题和布局后，小艾通过查询电商平台中水果类商品的配送及售后规定，并结合客户的相关要求，总结出简练的配送及售后细则，将其添加到配送及售后图中，具体操作如下。

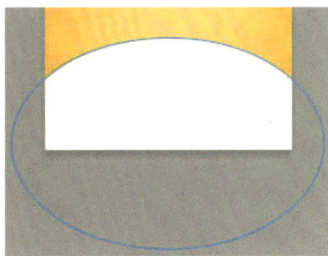

微课：添加配送
及售后细则

图 4-56　　　　　　　　　　图 4-57

- **步骤 01**　选择"横排文字工具"T.，在"字符"面板中设置字体、字号、字体样式、文字颜色分别为"思源黑体 CN""45 点""Heavy""白色"，在左侧第一条短横线上方输入"1. 关于退货"文字。

- **步骤 02**　在"字符"面板中修改字号、字体样式、字距分别为"28 点""Bold""25"，在左侧第一条短横线下方单击，按住鼠标左键不放并拖曳鼠标绘制一个文本框，在其中输入具体的退货细则，并将重要文字的字号设置为"36 点"，如图 4-58 所示。

- **步骤 03**　使用与步骤 01 和步骤 02 相同的方法与文字参数，输入"2. 关于发货""3. 关于赔付"两个板块的相关内容。

- **步骤 04**　打开"配送及售后图标 .psd"素材（配套资源 :\素材 \ 项目四 \ 配送及售后图标 .psd），将其中的 3 个图标分别拖曳至"配送及售后图 .psd"文件的 3 个圆上，然后将这 3 个图标分别创建为 3 个圆图层的剪贴蒙版。

- **步骤 05**　置入"客服形象 .png"素材（配套资源 :\素材 \ 项目四 \ 客服形象 .png），调整其大小，将其移至图像编辑区底部，效果如图 4-59 所示。

图 4-58

图 4-59

● **步骤 06** 按【Ctrl+S】组合键保存文件（配套资源:\效果\项目四\配送及售后图.psd）。

同步实训——制作石榴商品详情页

实训要求

　　会理是我国石榴之乡，无论是土壤、气候还是光照，都非常适宜石榴生长。当地某农产品电商商家需要制作一张石榴商品详情页，要求尺寸为 750 像素 ×3590 像素，整体配色以石榴的颜色为主，图片真实，清晰、完整地展示商品的特征，如皮薄籽大、汁水充足等，并通过文字描述等突出商品的卖点和亮点，以达到最大化吸引消费者的目的。石榴商品详情页的参考效果如图 4-60 所示。

图 4-60

实训提示

● **步骤 01** 启动 Photoshop，新建大小为 "750 像素 ×3590 像素"、分辨率为 "72 像素 / 英寸"、名称为 "石榴商品详情页" 的文件，然后将背景填充为粉色。

● **步骤 02** 打开 "石榴.psd" 素材（配套资源:\素材\项目四\石榴.psd），将其中的 "主" 图层拖入 "石榴商品详情页.psd" 文件，通过添加含有图层蒙版和渐变色彩的图层，使 "主"

图层中的石榴图像更加融入背景。

● **步骤 03** 使用"横排文字工具"**T**,输入标题文字,为其添加"渐变叠加"和"外发光"图层样式,再输入描述商品主要特点的文字,然后添加"石榴.psd"素材中的装饰素材,完成焦点图的设计,效果如图4-61所示。

● **步骤 04** 使用"矩形工具"□,在焦点图下方绘制一个大小为750像素×3590像素的白色矩形,使用"圆角矩形工具"□,在白色矩形中间绘制两个等大的粉红色圆角矩形,然后将"石榴.psd"素材中的石榴籽图像拖曳到白色矩形顶部。

● **步骤 05** 使用"横排文字工具"**T**,输入标题文字和特点文字,添加石榴图片,将石榴图片创建为圆角矩形图层的剪贴蒙版,完成商品特点图的设计,效果如图4-62所示。

图 4-61

图 4-62

● **步骤 06** 使用"钢笔工具"✐、"椭圆工具"○,在商品特点图下方绘制多个线框形状和圆,使用"横排文字工具"**T**,在圆上输入介绍石榴的营养成分的文字。

● **步骤 07** 在线框形状中央添加石榴籽图片素材,在圆上添加水滴装饰素材,在周围添加花瓣装饰素材,完成营养成分图的设计,效果如图4-63所示。

● **步骤 08** 使用"圆角矩形工具"□,在营养成分图下方绘制两个嵌套的圆角矩形,使用"钢笔工具"✐,在小圆角矩形中间绘制两条等长的虚线,然后将"石榴.psd"素材中的石榴籽图像拖曳到大圆角矩形上方。

● **步骤 09** 使用"横排文字工具"**T**,输入标题文字和详细参数文字,效果如图4-64所示,完成详细参数图的设计。

● **步骤 10** 将焦点图、商品特点图、营养成分图、详细参数图中包含的图层创建为以相应图名称命名的图层组，按【Ctrl+S】组合键保存文件（配套资源 :\效果 \ 项目四 \ 石榴商品详情页 .psd）。

图 4-63

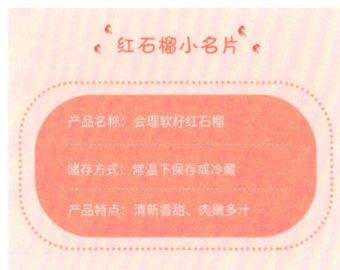

图 4-64

▌项目小结

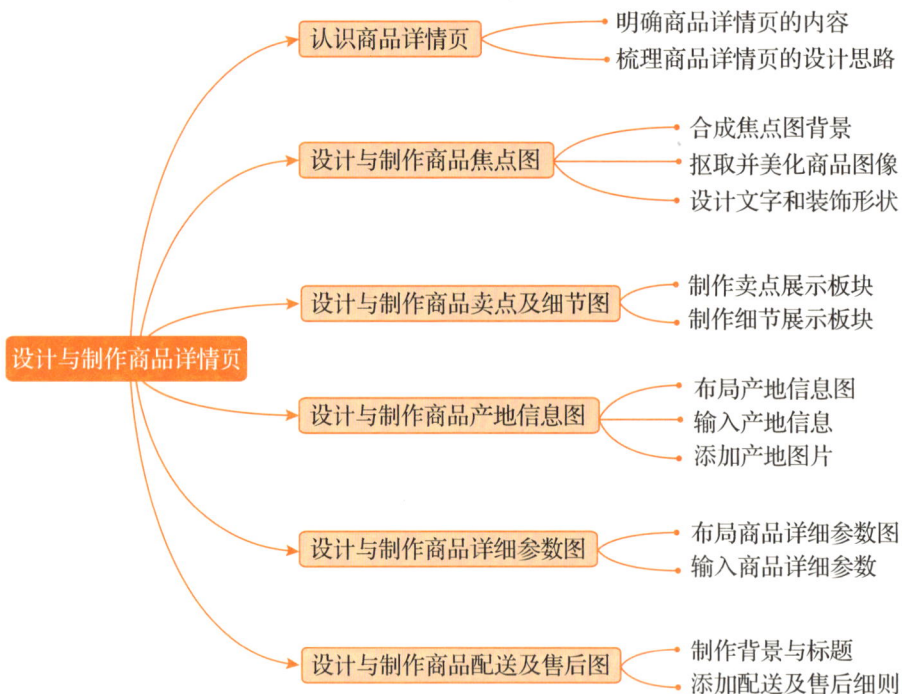

项目五
设计与制作网店首页

完成柑橘详情页的设计与制作后，小艾的网店视觉设计与制作水平提高了，也得到了公司领导的表扬。于是，老李便放心地将"珩农"农产品网店首页的设计与制作任务交给小艾。小艾在设计与制作了"珩农"农产品网店的主图、主图视频、商品详情页之后，对该网店有了一定的了解，她很有信心完成接下来的任务。

➡ 知识目标

- 了解网店首页的主要功能。
- 掌握网店首页的布局与设计要点。

➡ 技能目标

- 能够设计网店首页的各个板块。
- 能够制作完整的农产品网店首页。

➡ 素养目标

- 能够以精益求精的态度，本着服务消费的原则进行网店首页的设计。
- 能够洞察消费者需求，培养营销思维。

任务一　认识网店首页

任务描述

作为网店的门面，网店首页需要具有吸引力，才能使消费者产生点击的欲望，从而促成交易。但如何制作出能让人产生点击欲望的网店首页呢？老李建议小艾先了解网店首页的主要功能，对网店首页有了大致认识后，再从布局、设计要点、设计思路3个方面分析农产品网店首页的设计与制作方法。

任务实施

↘ 活动1　了解网店首页的主要功能

网店首页的效果会直接影响网店的流量。小艾准备对网店首页的主要功能进行了解，以便有针对性地设计出满足消费者需求且具有吸引力的网店首页。网店首页的主要功能如下。

- **展示商品**。网店首页中展示的商品主要是根据网店营销目标确定的，通过网店首页能够将商品更好地展示给消费者，从而促进商品销售。

- **树立品牌形象**。网店首页可以非常直观地展现网店的风格，从而树立品牌形象，给每一位消费者留下深刻的第一印象。

- **展示促销信息、优惠活动**。网店首页是整个网店的门面，有着非常好的资源位置。一般可以将网店的促销信息和优惠活动放在网店首页中进行展示，能够起到很好的推广与营销效果。

- **引流**。网店首页中的导航、商品搜索是常见的引流方式。消费者可以通过导航中的各商品类别进入相应的商品页面，也可以通过搜索的方式快速找到自己需要的商品。

↘ 活动2　掌握网店首页的布局与设计要点

网店首页的布局并不是将所有的板块都堆积在一起，而是将各板块进行合理的组合排列。在进行网店首页设计时，应该基于网店自身的定位划分功能区，再通过整体设计与布局，实现与定位匹配的视觉效果。小艾通过电商平台搜索了一些农产品网店的首页，通过观察，小艾了解到农产品网店首页主要包括店标、店招、导航、首屏海报、优惠活动区、商品分类区、商品促销展示区、页尾等内容，如图5-1所示。

- **店标**。店标作为网店最重要的标志之一，是展示、宣传网店和增加网店辨识度的有效途径，具有清楚、易记的特点。在设计店标时，可根据网店定位、商品分类、消费者喜好等来设计。

- **店招**。店招一般位于网店首页顶部，主要用于展示店标、网店名称、网店理念、活动内容等能让消费者第一眼就了解的信息。在设计店招时，不仅要突出网店的特色，还要清晰地传达品牌的定位。

图 5-1

- **导航**。导航一般位于店招下方，主要用于对商品进行分类，方便消费者根据商品类别快速查找需要的商品。在设计导航时，应将网店中商品的种类正确、清楚地显示出来。

- **首屏海报**。首屏海报一般位于导航下方，或网店首页的第一屏。首屏海报一般会展示网店当前活动的主题、主推的商品或具体优惠等。首屏海报需要通过色彩、版式、字体、形状等元素营造视觉效果，它不仅要有较强的视觉影响力，还要突出卖点。

- **优惠活动区**。优惠活动区是网店首页的重要功能区，主要用于展示网店当前的优惠活动，如优惠券、满减和打折等，一般为多个活动并列存在。

- **商品分类区**。商品分类区一般位于优惠活动区下方。为了更好地发挥商品分类区的作用，设计时需要从网店的装修风格、分类图像的大小和分类方式等方面进行考虑。

- **商品促销展示区**。商品促销展示区通常位于商品分类区下方，主要用于展示不同类型的促销商品，是网店首页中商品数量最多的区域，也是商家向消费者直接推广网店中其他商品的区域。如何确定各模块的尺寸、以何种色块区分、如何保持整体风格、如何突出重点内容是商品促销展示区的设计重点。为了吸引消费者，还可制作单品推广海报对推荐商品进行重点展示。

- **页尾**。页尾位于网店首页的末尾，一般用于放置网店网址、网店二维码、品牌形象、温馨提示、公告或购物须知等内容，其目的在于加强消费者的品牌记忆和购物安全感，希望消费者再次进入网店，在为消费者提供方便的同时体现网店的优质服务。页尾可根据需要添加"返回顶部"板块，这样可以方便消费者重新浏览网店首页。

　　一般来说，农产品网店首页的布局设计是影响消费者浏览体验的主要因素，自然、健康、新鲜是消费者选购农产品时考察的重点。小艾结合网店首页各板块的特点和消费者的需求，确定了"珩农"农产品网店首页的布局与设计要点，如图 5-2 所示。

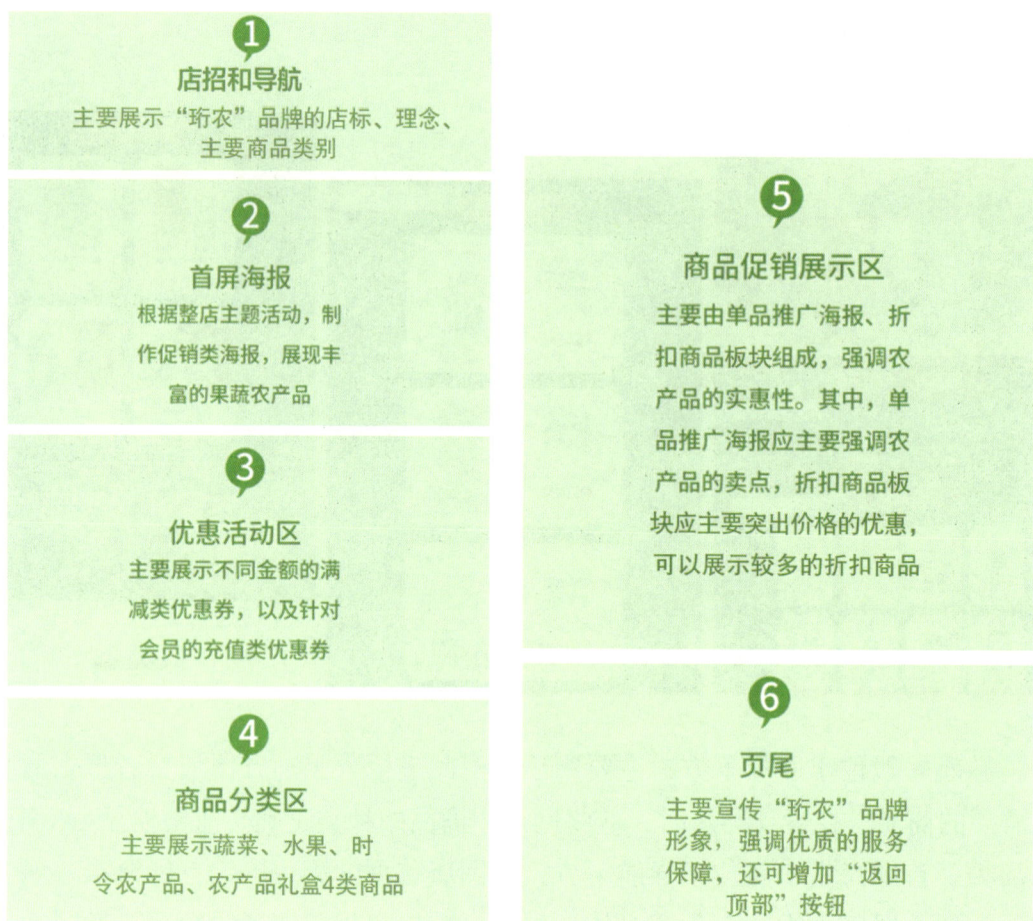

❶

店招和导航

主要展示"珩农"品牌的店标、理念、主要商品类别

❷

首屏海报

根据整屏主题活动，制作促销类海报，展现丰富的果蔬农产品

❸

优惠活动区

主要展示不同金额的满减类优惠券，以及针对会员的充值类优惠券

❹

商品分类区

主要展示蔬菜、水果、时令农产品、农产品礼盒4类商品

❺

商品促销展示区

主要由单品推广海报、折扣商品板块组成，强调农产品的实惠性。其中，单品推广海报应主要强调农产品的卖点，折扣商品板块应主要突出价格的优惠，可以展示较多的折扣商品

❻

页尾

主要宣传"珩农"品牌形象，强调优质的服务保障，还可增加"返回顶部"按钮

图 5-2

↘ 活动3 梳理网店首页的设计思路

网店首页是塑造品牌形象并吸引消费者浏览、点击的关键区域。在进行网店首页视觉设计与制作前，小艾首先要梳理出一个合乎逻辑的设计思路，使网店首页的视觉效果能够给消费者留下深刻的印象，提高消费者对"珩农"网店的好感度，进而提高网店的浏览量、点击率和整体销量等。

1. 了解网店的品牌背景

"珩农"品牌主要经营水果、蔬菜的种植及销售等，以生态农业开发为基础，以"回归自然，绿色健康"为理念，致力于打造生态、绿色、创新的农产品示范品牌。近几年，"珩农"品牌逐步开启"互联网＋农业＋品牌"的经营模式，全面布局线上、线下、新零售多个渠道，以创新精神不断增强品牌效能，为人们的美好生活创造价值。

2. 确定网店首页的设计风格

网店首页的设计风格可根据品牌特点进行选择。"珩农"网店首页可以选取与农产品本身性质匹配的自然、清新的视觉设计风格。

3. 准备设计素材

网店首页的设计素材主要包括实拍图和装饰图，如图 5-3 所示。实拍图由客户提供，包括农产品和产地的实拍图。装饰图通过网络进行搜集，主要包括与农产品网店首页风格相符的横幅、绿叶、木牌、果蔬篮等素材，还有一些装饰页面的其他素材。

此外，还要注意查看客户是否提供店标图片，若未提供，则网店美工在制作网店首页前应先设计店标矢量图，然后导出店标图片，将其运用到网店首页中。

图 5-3

4. 确定配色方案

"珩农"网店销售的农产品均为绿色食品，且大多数农产品包含绿叶，因此"珩农"网店首页的主色可定为绿色，并以深绿色、橙色为辅助色来丰富画面。"珩农"网店首页的配色方案如图 5-4 所示。

主色 #9bdd62

辅助色 #3b8a0e #ff8a15

图 5-4

5. 选择合适的字体

网店首页中通常包含大量介绍文字，为了使这些信息便于识别，可选择"思源黑体 CN""Adobe Garamond Pro"作为小标题和正文的字体，并通过设置不同的大小、粗细、颜色以区分不同的信息层级。网店首页中需要突出展示的大标题可以应用"江西拙楷"字体，以加深消费者对文字内容的印象，同时，该字体具有的质朴、自然等特征与"珩农"网店的气质相符。"珩农"网店首页所用的字体如图 5-5 所示。

大标题：
江西拙楷

小标题：
思源黑体 CN Heavy　**思源黑体 CN Bold**

正文：
思源黑体 CN Normal　思源黑体 CN Medium
Adobe Garamond Pro

图 5-5

6. 排版与制作网店首页

由于这里制作 PC 端网店首页，因此可在 Photoshop 中创建宽度为 1920 像素的文件来制作网店首页中的每个板块，当板块中内容较多时，可采取分模块的布局方式。

经验之谈

淘宝网中，PC端网店首页的宽度为1920像素，而移动端网店首页的宽度为750像素，且对长度没有限制。在网店首页中上传图片时应尽量保持相同的设计风格。网店首页中图片的格式一般为JPG、PNG和GIF。

任务二 设计与制作店标

任务描述

在"珩农"网店首页的店招中需要展现店标，由于客户觉得以前的品牌 Logo 稍显过时，因此要求小艾设计一个清爽、时尚的新店标。小艾对"珩农"网店主要售卖的农产品进行了分析，准备设计一个具有代表性的果蔬图形，再为其添加品牌名称，制作出美观、吸睛的店标。

知识窗

店标代表网店的形象，漂亮的店标可以帮助网店进行宣传，吸引消费者浏览网店，从而增加网店流量。店标有文字店标、图形店标和图文结合型店标 3 种，下面分别进行介绍。

● **文字店标**。文字店标以文字为表现主体，一般是用品牌的名称、缩写或者其中个别有趣的字设计而成的标志。图 5-6 所示为不同网店使用文字表现店标的效果。

图 5-6

● **图形店标**。图形店标用形象表达含义，比文字店标更直观和富有感染力。图 5-7 所示为不同网店使用图形表现店标的效果。

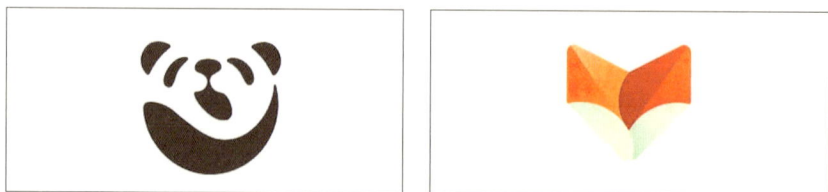

图 5-7

● **图文结合型店标**。图文结合型店标由图形和文字构成，具有文中有图、图中有文的图形特征。图 5-8 所示为不同网店使用图文结合的方式表现店标的效果。

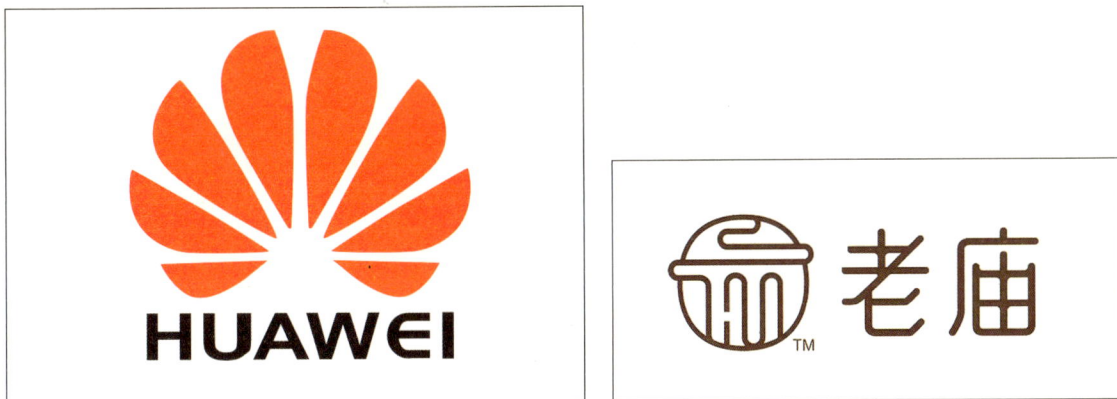

图 5-8

任务实施

↘ 活动1　绘制店标图形

　　为了使店标与网店首页的风格契合，小艾准备将绿色、橙色作为店标的主色，绘制一个芒果图形作为主体，再用绿叶点缀，营造出农产品新鲜、健康的品牌氛围，具体操作如下。

● **步骤 01**　启动 Photoshop，新建大小为"800 像素 ×800 像素"、分辨率为"72 像素 / 英寸"、背景内容为"透明"、名称为"店标"的文件。

✏ **经验之谈**

　　淘宝网对店标的尺寸要求是80像素×80像素，但制作时可以放大店标，便于查看和编辑细节，制作完成后根据需要调整大小再导出使用。

● **步骤 02**　选择"椭圆工具"○，在工具属性栏中设置填充颜色、描边颜色、描边宽度、描边选项分别为"白色""#3b8a0e""4 像素""直线"，在图像编辑区中央绘制一个大小为 580 像素 ×580 像素的圆，如图 5-9 所示。

● **步骤 03**　在工具属性栏中修改描边颜色、描边宽度分别为"#ffa023""12 像素"，在图像编辑区中央绘制一个大小为 386 像素 ×386 像素的圆，如图 5-10 所示。

● **步骤 04**　选择"钢笔工具"⌀，在工具属性栏中设置工具模式、填充颜色、描边颜色、描边宽度、描边选项分别为"形状""#ffa023""#ff9203""6 像素""直线"，在绿色圆的内部绘制图 5-11 所示的水果形状。

● **步骤 05**　在"图层"面板底部单击"添加图层蒙版"按钮▢，然后选择"橡皮擦工具"✏，在工具属性栏中设置笔尖样式为"硬边圆"，在图像编辑区中擦除橙色圆以外的水果部分，效果如图 5-12 所示。

微课：绘制店标图形

图 5-9　　　　　　　　图 5-10　　　　　　　　图 5-11　　　　　　　　图 5-12

- 步骤 06　使用"钢笔工具" ✐.在水果内部绘制图 5-13 所示的阴影形状。

- 步骤 07　在"图层"面板中设置阴影形状所在图层的混合模式、不透明度分别为"颜色加深""40%"，效果如图 5-14 所示。

- 步骤 08　选择"钢笔工具" ✐.，在工具属性栏中取消描边，修改填充颜色为"白色"，在水果内部绘制图 5-15 所示的高光形状。

- 步骤 09　在工具属性栏中修改填充颜色、描边颜色、描边宽度分别为"#8cb746""#569600""3 像素"，在水果上方绘制一片绿叶，如图 5-16 所示。

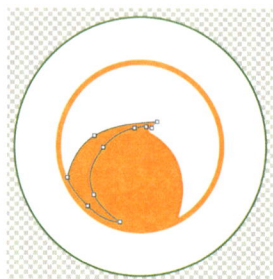   

图 5-13　　　　　　　　图 5-14　　　　　　　　图 5-15　　　　　　　　图 5-16

- 步骤 10　在工具属性栏中修改填充颜色、描边颜色分别为"#619749""#3b8a0e"，在水果上方绘制另一片绿叶，如图 5-17 所示。

- 步骤 11　按住【Ctrl】键不放，在"图层"面板中选中两个绿叶图层，按【Ctrl+J】组合键进行复制，使用"移动工具" ✛.在图像编辑区中拖曳复制的绿叶到绿色圆左侧，并依次调整复制的绿叶的大小、位置、角度，效果如图 5-18 所示。

- 步骤 12　在"图层"面板中选中复制的任意一个绿叶图层，选择"图层"/"图层样式"/"描边"命令，打开"图层样式"对话框，设置描边颜色为"白色"，其他参数设置如图 5-19 所示，然后单击 确定 按钮。

  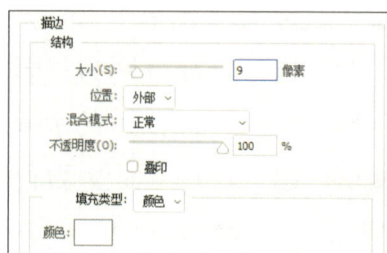

图 5-17　　　　　　　　　图 5-18　　　　　　　　　图 5-19

● **步骤 13** 按住【Ctrl】键不放，在"图层"面板中选中绿色圆左侧的两个绿叶图层，按【Ctrl+J】组合键进行复制，然后选择"编辑"/"变换"/"水平翻转"命令，使用"移动工具" ⊕ 在图像编辑区中拖曳翻转后的绿叶到绿色圆右侧，与左侧的绿叶形成对称效果，如图 5-20 所示。

● **步骤 14** 在"图层"面板中选中已有图层样式的绿叶图层，单击鼠标右键，在弹出的快捷菜单中选择"拷贝图层样式"命令；按住【Ctrl】键不放，选中两侧没有应用图层样式的绿叶图层，单击鼠标右键，在弹出的快捷菜单中选择"粘贴图层样式"命令，效果如图 5-21 所示。

● **步骤 15** 选择"椭圆工具" ◯ ，在工具属性栏中设置填充颜色、描边颜色、描边宽度分别为"#619749""#3b8a0e""3 像素"，在图像编辑区橙色圆的左右两侧各绘制一个大小为 15 像素 × 15 像素的圆，如图 5-22 所示。

● **步骤 16** 在"图层"面板中单击"创建新图层"按钮 ◫ 新建图层，设置前景色为"白色"，选择"铅笔工具" ✐ ，在工具属性栏中设置画笔的大小、硬度分别为"10 像素""100%"，依次涂抹左侧、右侧的两片绿叶之间的绿色圆的描边，遮盖绿叶之间的多余绿色线段，效果如图 5-23 所示。

图 5-20   图 5-21   图 5-22   图 5-23

↘ **活动2 设计店标文字**

微课：设计店标文字

由于"珩农"网店的店标需要体现品牌名称，因此小艾准备在店标图形中输入"珩农""HENGNONG"文字，并对文字进行适当变形，使文字与图形结合得更加自然，具体操作如下。

● **步骤 01** 选择"横排文字工具" T ，然后选择"窗口"/"字符"命令，打开"字符"面板，设置字体、字号、字距、颜色、消除锯齿的方法分别为"江西拙楷""60 点""0""#3b8a0e""锐利"，在水果下方输入"珩农"文字，如图 5-24 所示。

图 5-24

● **步骤 02** 在工具属性栏中单击"创建文字变形"按钮 ⌇ ，打开"变形文字"对话框，在"样式"下拉列表中选择"扇形"选项，选中"水平"单选项，设置"弯曲""水平扭曲""垂直扭曲"分别为"-18%""0%""3%"，如图 5-25 所示，单击 确定 按钮。

✏️ **经验之谈**

对文字进行变形后，只要没有栅格化文字，便可再次通过"文字变形"对话框修改文字的变形参数；若设置"样式"为"无"，则可取消文字变形效果。

● **步骤 03** 选择"钢笔工具" ✎，在工具属性栏中设置工具模式为"路径"，在橙色圆上方绘制图 5-26 所示的弧形路径。

● **步骤 04** 选择"横排文字工具" **T.**，在"字符"面板中设置字体、字号、字距、颜色、消除锯齿的方法分别为"江西拙楷""58 点""100""#3b8a0e""锐利"，将鼠标指针移至弧形路径左端点处，当鼠标指针变为 ⤴ 形状时，单击插入光标，输入"HENGNONG"文字，如图 5-27 所示。

图 5-25   图 5-26   图 5-27

● **步骤 05** 至此，店标的设计完成，按【Ctrl+S】组合键保存文件（配套资源 :\ 效果 \ 项目五 \ 店标 .psd）。

● **步骤 06** 为了便于将店标应用到网店首页中，需要导出 PNG 格式的图片。选择"文件"/"导出"/"存储为 Web 所用格式（旧版）"命令，打开"存储为 Web 所用格式"对话框，在"预设"下方的下拉列表中选择"PNG-8"选项，单击 存储… 按钮，打开"将优化结果存储为"对话框，设置存储路径和文件名，单击 保存(S) 按钮，最终的 PNG 格式的图片效果如图 5-28 所示（配套资源 :\ 效果 \ 项目五 \ 店标 .png）。

图 5-28

任务三　设计与制作店招和导航

📋 **任务描述**

店招和导航展示在网店首页的顶部，是网店形象和风格的代表。为了给消费者留下一个较好的品牌印象，小艾准备在"珩农"网店店招中展示店标、品牌理念等内容，在导航中清晰、直观地展示农产品销售类别，并通过清爽的配色体现网店所售农产品的绿色、健康、新鲜等特点。

任务实施

↘ 活动1　制作店招

　　由于"珩农"网店首页现阶段以宣传品牌为主要目标，因此小艾在店招中主要展示品牌名称、店标、品牌理念等内容，以体现"珩农"品牌的品质。此外，老李还建议小艾在店招中添加"关注店铺"按钮，方便消费者关注"珩农"网店，进一步提高"珩农"品牌的知名度，具体操作如下。

微课：制作店招

● **步骤 01**　由于店招和导航紧密相连，且内容不多，因此可在一个文件中制作。新建大小为"1920 像素 × 150 像素"、分辨率为"72 像素 / 英寸"、背景内容为"白色"、名称为"店招与导航"的文件。

● **步骤 02**　按【Ctrl+R】组合键显示标尺，将鼠标指针移至标尺上，单击鼠标右键，在弹出的快捷菜单中选择"像素"命令，如图 5-29 所示，将标尺的单位更改为像素，便于后续创建参考线。

● **步骤 03**　选择"视图"/"新建参考线"命令，打开"新建参考线"对话框，选中"水平"单选项，设置"位置"为"120 像素"，如图 5-30 所示，单击 确定 按钮。

图 5-29　　　　　　图 5-30

● **步骤 04**　选择"矩形选框工具" ，在工具属性栏中设置样式、宽度分别为"固定大小""485 像素"，高度任意设置，在左上角单击创建选区，从左侧的标尺上拖曳参考线直到与选区右侧对齐，如图 5-31 所示，按【Ctrl+D】组合键取消选区。

图 5-31

✎ 经验之谈

　　由于不同计算机的屏幕大小可能不同，其显示的店招范围也可能不同，因此，为了保证店招中的信息显示完整，网店美工需要在店招两边留出485像素的宽度，即页头背景区域，不放置任何信息。

● **步骤 05**　使用与步骤 04 相同的方法，在距离图像编辑区右边缘 485 像素的位置创建参考线，如图 5-32 所示。

图 5-32

● **步骤 06**　为了增强网店的辨识度，需要在店招中添加"珩农"网店的店标。置入"店标 .png"素材，调整其大小和位置。

● **步骤 07**　选择"横排文字工具" ，在工具属性栏中设置字体、颜色、消除锯齿的方法分别为"江西拙楷""#3b8a0e""平滑"，在店标右侧分别输入"珩农""-HENG NONG-""官方旗舰店"文字，设置字号分别为"68 点""20 点""36 点"，调整文字的相对位置，效果如图 5-33 所示。

- **步骤 08** 选择"直线工具"✏，在工具属性栏中取消描边，设置填充颜色、粗细分别为"#3b8a0e""2 像素"，按住【Shift】键不放，在"珩农"文字右侧绘制一条竖直线段。

- **步骤 09** 选择"圆角矩形工具"▭，在工具属性栏中取消描边，设置填充颜色、半径分别为"#ff8a15""40 像素"，在"官方旗舰店"文字下方绘制一个圆角矩形，效果如图5-34 所示。

图 5-33

图 5-34

- **步骤 10** 选择"自定形状工具"✿，在工具属性栏中取消描边，设置填充颜色为"白色"，在"形状"下拉列表中选择"红心形卡"形状，在圆角矩形中绘制一个心形。

- **步骤 11** 选择"横排文字工具"T，在"字符"面板中设置字体、字号、字体样式、字距、颜色分别为"思源黑体 CN""20 点""Bold""30""白色"，在心形右侧输入"关注店铺"文字，效果如图 5-35 所示。

- **步骤 12** 依次置入"横幅.png"和"绿叶 1.png"素材（配套资源:\素材\项目五\横幅.png、绿叶 1.png），调整素材的大小和位置，效果如图 5-36 所示。

图 5-35

图 5-36

- **步骤 13** 选择"钢笔工具"✑，在工具属性栏中设置工具模式为"路径"，在横幅中绘制波浪形路径；选择"横排文字工具"T，在工具属性栏中设置字体、字号、颜色分别为"江西拙楷""42 点""白色"，在路径中输入"回归自然 绿色健康"文字，如图 5-37 所示。

图 5-37

- **步骤 14** 选择"图层"/"图层样式"/"内阴影"命令，打开"图层样式"对话框，设置内阴影颜色为"#f5ffdf"，其他参数设置如图 5-38 所示。单击 确定 按钮，返回图像编辑区，效果如图 5-39 所示。

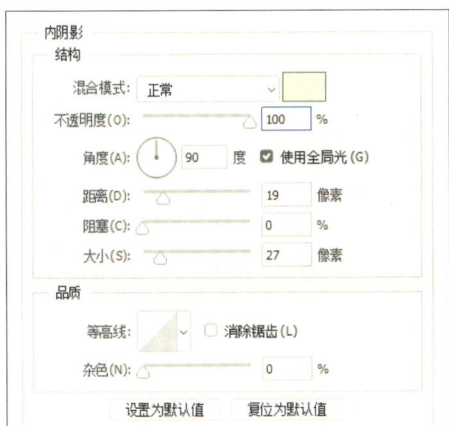

图 5-38

图 5-39

↘ 活动2　制作导航

对于"珩农"网店这类商品类型比较简单的网店，导航中的内容要尽量简单、直接。小艾在归纳网店资料后，决定在"店招与导航.psd"文件的店招下方制作"首页""所有商品""应季上新""所有水果""所有蔬菜"5个导航类别，具体操作如下。

微课：制作导航

● **步骤 01**　选择"矩形工具"□，在工具属性栏中取消描边，设置填充、渐变样式、渐变角度分别为"#6dc20f ~ #a5e25e""线性""90"，在图像编辑区底部绘制一个大小为 1920 像素 × 30 像素的矩形，如图 5-40 所示。

● **步骤 02**　选择"横排文字工具"T，在"字符"面板中设置字体、字号、字体样式、颜色分别为"思源黑体 CN""20 点""Bold""白色"，在矩形上输入图 5-41 所示的文字。

图 5-40

图 5-41

● **步骤 03**　在"图层"面板中选中"回归自然 绿色健康"图层，单击鼠标右键，在弹出的快捷菜单中选择"拷贝图层样式"命令；选中步骤 02 制作的文字图层，单击鼠标右键，在弹出的快捷菜单中选择"粘贴图层样式"命令。

● **步骤 04**　按【Ctrl+；】组合键隐藏所有参考线，查看最终效果，如图 5-42 所示，然后按【Ctrl+S】组合键保存文件（配套资源:\效果\项目五\店招与导航.psd）。

图 5-42

任务四 设计与制作整店主题活动首屏海报

任务描述

　　主题活动首屏海报主要对多个商品或整店活动进行推广，要求具备一定的视觉冲击力，且营造出合适的活动氛围，从而快速吸引消费者的注意力。"珩农"网店长期举办"好货出村 爱心助农"活动，小艾觉得正好可以以该活动为主题设计首屏海报。

任务实施

活动1　制作主题背景

　　小艾决定根据"好货出村 爱心助农"这一活动主题，以窗口的形式设计背景，展现"珩农"网店的新鲜果蔬及其生产基地，具体操作如下。

微课：制作主题背景

● **步骤01**　启动 Photoshop，新建大小为"1920 像素 × 800 像素"、分辨率为"72 像素 / 英寸"、名称为"整店主题活动首屏海报"的文件。

● **步骤02**　设置背景色为"#9bdd62"，按【Ctrl+Delete】组合键填充背景。

● **步骤03**　设置前景色为"#b6e68c"，新建图层，选择"画笔工具" ✐，在工具属性栏中设置画笔的笔尖样式、大小分别为"柔边圆""300 像素"，在图像编辑区顶部中央涂抹，绘制背景的亮部，如图 5-43 所示。

● **步骤04**　选择"椭圆工具" ○，在工具属性栏中取消描边，设置填充颜色、渐变样式、渐变角度分别为"#43920f ～ #a4eb47""线性""90"，在图像编辑区底部绘制一个椭圆，如图 5-44 所示。

图 5-43

图 5-44

● **步骤05**　选择"图层"/"图层样式"/"内阴影"命令，打开"图层样式"对话框，设置内阴影颜色为"#d9fd86"，其他参数设置如图 5-45 所示；在"图层样式"对话框左侧勾选"投影"复选框，设置投影颜色为"#4c9201"，其他参数设置如图 5-46 所示。

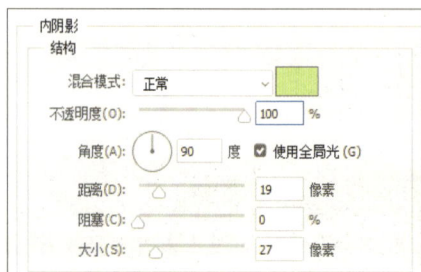

图 5-45

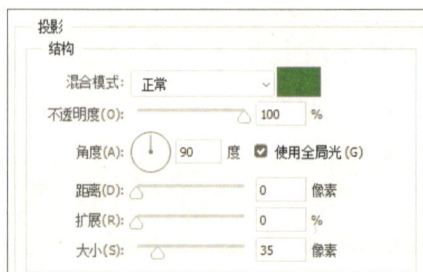

图 5-46

- **步骤 06** 单击 ⬭确定⬮ 按钮，返回图像编辑区，效果如图 5–47 所示。

- **步骤 07** 按【Ctrl+J】组合键复制椭圆图层，将其适当缩小并调整位置，然后在复制的图层中单击"内阴影"效果左侧的 ◉ 图标，使其变为空白状态，从而隐藏复制的图层的"内阴影"效果，如图 5–48 所示。

图 5–47

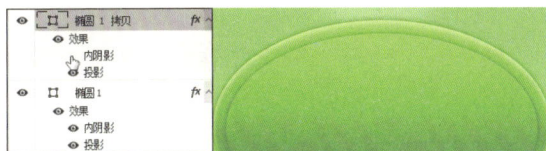

图 5–48

- **步骤 08** 选择"钢笔工具" ⭗，在工具属性栏中设置工具模式、填充颜色分别为"形状""白色"，取消描边，在图像编辑区左侧绘制一个四边形，并在"图层"面板中设置该图层的混合模式、不透明度分别为"叠加""66%"，效果如图 5–49 所示。

- **步骤 09** 选择"滤镜"/"模糊"/"高斯模糊"命令，在弹出的提示框中单击 ⬭转换为智能对象(C)⬮ 按钮，打开"高斯模糊"对话框，设置"半径"为"49.8 像素"，如图 5–50 所示，单击 ⬭确定⬮ 按钮。

图 5–49

图 5–50

- **步骤 10** 新建图层，设置背景色为"黑色"，按【Ctrl+Delete】组合键填充图层。

- **步骤 11** 选择"滤镜"/"渲染"/"镜头光晕"命令，打开"镜头光晕"对话框，设置"亮度"为"100%"，选中"50–300 毫米变焦"单选项，在图像预览区右上角单击，确认光晕中心，如图 5–51 所示。

- **步骤 12** 单击 ⬭确定⬮ 按钮，返回图像编辑区，效果如图 5–52 所示。

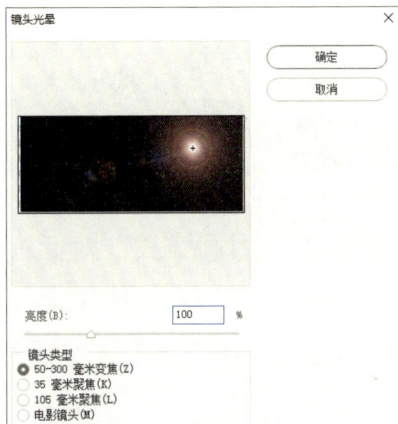

图 5–51

图 5–52

● **步骤 13** 在"图层"面板中设置该图层的混合模式、不透明度分别为"滤色""54%"，效果如图 5-53 所示。

● **步骤 14** 按住【Ctrl】键不放，在"图层"面板中选中所有图层，在"图层"面板底部单击"创建新组"按钮▢，将所选图层创建为图层组，双击图层组名称，将名称修改为"背景"。

图 5-53

↘ 活动2　绘制装饰形状

为了强调活动主题，小艾准备在背景上方绘制横幅形状，用于展现主题，并绘制心形作为装饰，以贴合主题活动的温暖寓意，具体操作如下。

（微课：绘制装饰形状）

图 5-54

● **步骤 01** 选择"钢笔工具"▱，在工具属性栏中设置工具模式、填充颜色分别为"形状""白色"，取消描边，在图像编辑区顶部绘制绳子形状，如图 5-54 所示。

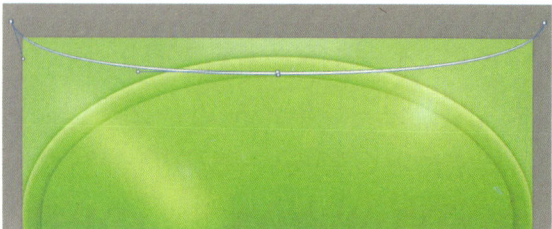

● **步骤 02** 选择"图层"/"图层样式"/"斜面和浮雕"命令，打开"图层样式"对话框，设置高光颜色为"白色"，阴影颜色为"#ffc170"，其他参数设置如图 5-55 所示，然后单击 确定 按钮。

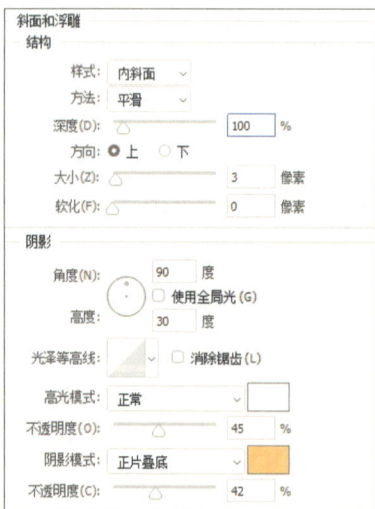

● **步骤 03** 使用"钢笔工具"▱在绳子形状下方绘制横幅形状，如图 5-56 所示。

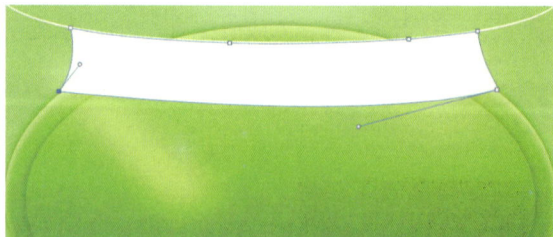

图 5-55

图 5-56

● **步骤 04** 选择"图层"/"图层样式"/"投影"命令，打开"图层样式"对话框，设置投影颜色为"#ff8a16"，其他参数设置如图 5-57 所示，然后单击 确定 按钮。

● **步骤 05** 在"图层"面板底部单击"添加图层蒙版"按钮▢，选择"橡皮擦工具"✐，在工具属性栏中设置画笔的笔尖样式为"柔边圆"，适当调整画笔的大小和流量参数，擦除横幅中的部分白色，使横幅表面产生褶皱和波纹的效果，看起来更生动，效果如图 5-58 所示。

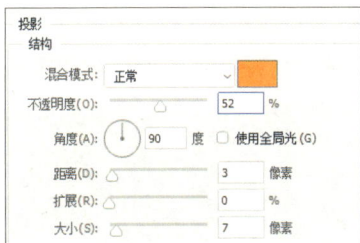

图 5-57

图 5-58

● **步骤 06**　选择"自定形状工具"🔲，在工具属性栏中取消描边，设置填充颜色为"#ff8a15"，在"形状"下拉列表中选择"红心形卡"形状，在横幅中央绘制一个心形，如图5-59 所示。

● **步骤 07**　选择"图层"/"图层样式"/"斜面和浮雕"命令，打开"图层样式"对话框，设置高光颜色为"白色"，阴影颜色为"#fcc508"，其他参数设置如图 5-60 所示；在"图层样式"对话框左侧勾选"投影"复选框，设置投影颜色为"#f29d16"，其他参数设置如图 5-61 所示。

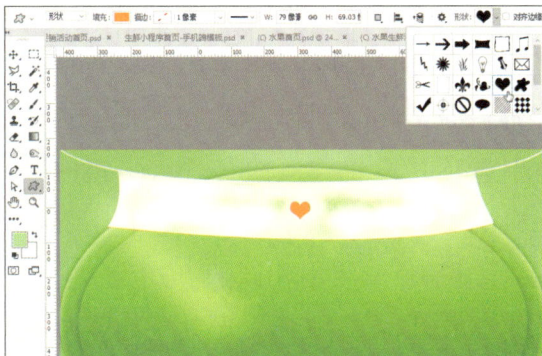

图 5-59

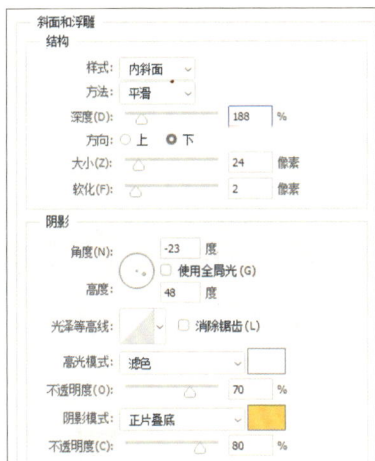

图 5-60

图 5-61

● **步骤 08**　单击 确定 按钮，返回图像编辑区，效果如图 5-62 所示。

图 5-62

↘ 活动3　布局文字和图片

整店主题活动首屏海报的文字主要包括活动主题和优惠信息，图片主要为农产品的生产基地实拍图，小艾需要将这些文字和图片合理地放置在海报中，实现美观的视觉效果，具体操作如下。

图 5-63

- **步骤 01**　选择"横排文字工具" T.，分别输入"好货出村 爱心助农""全店满 189 元减 30 元"文字，设置字体分别为"江西拙楷""思源黑体 CN"，颜色分别为"#3c8a0f""#ffd941"，调整文字的大小、位置和间距，如图 5-63 所示。

- **步骤 02**　选择"好货出村　爱心助农"图层，在工具属性栏中单击"创建文字变形"按钮工，打开"变形文字"对话框，在"样式"下拉列表中选择"扇形"选项，选中"水平"单选项，设置"弯曲""水平扭曲""垂直扭曲"分别为"-5%""0%""0%"，如图 5-64 所示，然后单击 确定 按钮。

- **步骤 03**　使用相同的方式为"全店满 189 元减 30 元"图层设置变形参数，参数设置如图 5-65 所示。文字变形效果如图 5-66 所示。

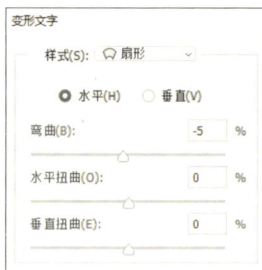

图 5-64

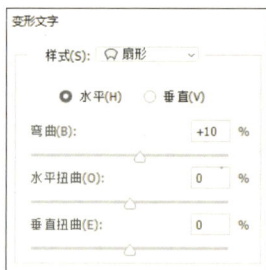

图 5-65

- **步骤 04**　选择"图层"/"图层样式"/"投影"命令，打开"图层样式"对话框，设置投影颜色为"#733f1a"，其他参数设置如图 5-67 所示，然后单击 确定 按钮。

图 5-66

图 5-67

- **步骤 05**　选择"好货出村　爱心助农"图层，然后选择"图层"/"图层样式"/"渐变叠加"命令，打开"图层样式"对话框，设置渐变颜色为"#fad126 ～ #ff544f"，其他参数设置如图 5-68 所示；在"图层样式"对话框左侧勾选"投影"复选框，设置投影颜色为"#ff8a16"，其他参数设置如图 5-69 所示。

- **步骤 06**　单击 确定 按钮，返回图像编辑区，效果如图 5-70 所示。

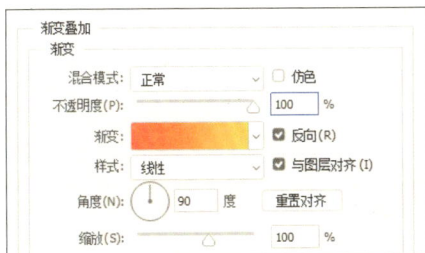

图 5-68

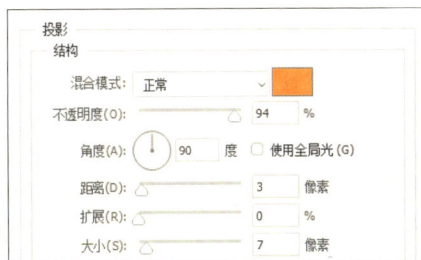

图 5-69

● **步骤 07**　置入"基地 .jpg"素材（配套资源 :\ 素材 \ 项目五 \ 基地 .jpg），调整素材的大小和位置，在"图层"面板中将素材图层向下拖曳至较小的椭圆图层上方，然后单击鼠标右键，在弹出的快捷菜单中选择"创建剪贴蒙版"命令，效果如图 5-71 所示。

图 5-70

图 5-71

● **步骤 08**　依次置入"木牌 .png"和"木桌 .png"素材（配套资源 :\ 素材 \ 项目五 \ 木牌 .png、木桌 .png），调整大小和位置，在"图层"面板中将"木牌"图层向下拖曳至"全店满 189 元减 30 元"图层下方，将"木桌"图层拖曳至"背景"图层组上方，效果如图 5-72 所示。

图 5-72

● **步骤 09**　打开"果蔬篮 .psd"素材（配套资源 :\ 素材 \ 项目五 \ 果蔬篮 .psd），将"果蔬篮"图层组拖入"整店主题活动首屏海报 .psd"文件中，在"图层"面板中将"果蔬篮"图层组拖曳至"木桌"图层上方，将之前制作的镜头光晕图层拖曳至"果蔬篮"图层组上方，最终效果如图 5-73 所示。

图 5-73

111

- **步骤 10** 按【Ctrl+S】组合键保存文件（配套资源:\效果\项目五\整店主题活动首屏海报 .psd）。

任务五　设计与制作优惠活动区

任务描述

优惠活动区主要展示"珩农"网店提供的各种优惠券及领券按钮。由于在品牌宣传初期，"珩农"网店需要多吸纳网店会员，提升消费者的忠实度，因此小艾除了要制作常见的满减类优惠券，还需要制作"珩农"网店会员专属的充值类优惠券。

知识窗

优惠券在网店首页中展示的信息有限，一般只展示优惠的数字，但一张完整的优惠券还包括很多信息，这些信息只有在消费者点击并领取优惠券后才会显示，包括优惠券的使用范围、使用条件、使用时间、使用张数，以及最终解释权等。

- **优惠券的使用范围。**明确使用的店铺及使用的方式（是全店通用，还是适用于店内的某款商品、新品或者某系列商品），以此限定消费的对象，起到引导流量走向的作用。

- **优惠券的使用条件。**在一定条件下才能使用优惠券，这种条件的限制在刺激消费者消费的同时，可以最大限度地保证利润空间。

- **优惠券的使用时间。**一般情况下，如果活动是短期的，则应当限定优惠券的使用日期，如 3 天、7 天等。这能让消费者产生过期浪费的心理，提高消费者对优惠券的使用率。

- **优惠券的使用张数。**例如"每笔订单限用一张优惠券"，这可以防止折上折的情况出现。

- **优惠券的最终解释权。**例如"优惠券的最终解释权归本店所有"，这在一定程度上保留了店铺在法律上的权利，能避免在活动执行过程中出现不必要的纠纷。

任务实施

↘ 活动1　布局优惠活动区

优惠活动区的整体风格和配色应与网店首页一致，因此小艾选择绿色作为背景色。为了突出、强调优惠信息，达到快速吸睛的目的，小艾准备绘制橙色的展板来展示优惠券，并以"领券下单更优惠"为标题，具体操作如下。

微课：布局优惠活动区

- **步骤 01** 启动 Photoshop，新建大小为"1920 像素 × 900 像素"、分辨率为"72 像素 / 英寸"、名称为"优惠活动区"的文件。

- **步骤 02** 设置背景色为"#9bdd62"，按【Ctrl+Delete】组合键填充背景。

- **步骤 03** 选择"圆角矩形工具"，在工具属性栏中取消描边，设置填充颜色、半径分别为"#fae2a4""40 像素",在图像编辑区中央绘制一个圆角矩形。

● **步骤 04** 选择"图层"/"图层样式"/"投影"命令,打开"图层样式"对话框,设置投影颜色为"#fff4e4",其他参数设置如图 5-74 所示。

● **步骤 05** 单击 <u>确定</u> 按钮,返回图像编辑区,效果如图 5-75 所示。

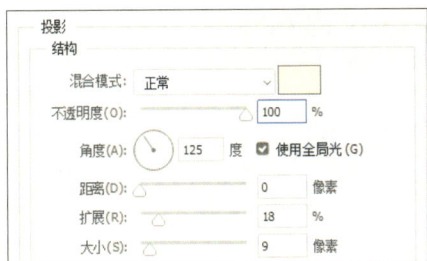

图 5-74 图 5-75

● **步骤 06** 选择"圆角矩形工具" ☐,在工具属性栏中取消描边,设置填充颜色、半径分别为"#feb54f""40 像素",在圆角矩形中央绘制一个更小的圆角矩形。

● **步骤 07** 选择"图层"/"图层样式"/"描边"命令,打开"图层样式"对话框,设置描边颜色为"#fae2a4 ~ #fff4e4",其他参数设置如图 5-76 所示;在"图层样式"对话框左侧勾选"内发光"复选框,设置内发光颜色为"#ff8a15",其他参数设置如图 5-77 所示。

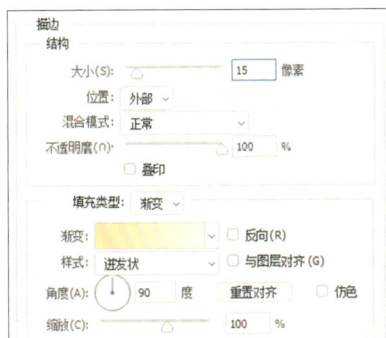

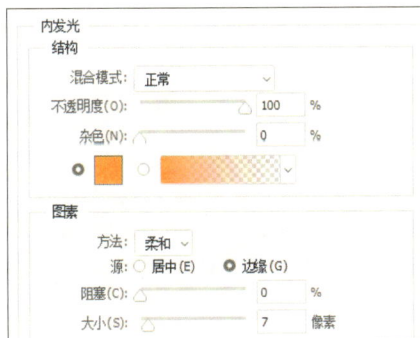

图 5-76 图 5-77

● **步骤 08** 单击 <u>确定</u> 按钮,返回图像编辑区,效果如图 5-78 所示。

● **步骤 09** 选择"钢笔工具" ⌀,在工具属性栏中设置工具模式、填充颜色分别为"形状""#ff8a15",取消描边,在圆角矩形上方绘制一个梯形。

● **步骤 10** 选择"图层"/"图层样式"/"内阴影"命令,打开"图层样式"对话框,设置投影颜色为"#ff6203",其他参数设置如图 5-79 所示。

图 5-78 图 5-79

● **步骤 11** 单击 ⌈确定⌉ 按钮，返回图像编辑区，在"图层"面板底部单击"添加图层蒙版"按钮▣，使用"橡皮擦工具"◢适当擦除梯形的 4 个角，使其变为圆角，效果如图 5-80 所示。

图 5-80

● **步骤 12** 选择"圆角矩形工具"◻，在工具属性栏中设置填充颜色、渐变样式、渐变角度、描边颜色、描边宽度、描边选项、半径分别为"#fdd776 ～ #ff8a15""线性""90""#fff4e4""6 像素""直线""40 像素"，在梯形下方绘制一个圆角矩形。

● **步骤 13** 选择"图层"/"图层样式"/"内阴影"命令，打开"图层样式"对话框，设置内阴影颜色为"#ff6203"，其他参数设置如图 5-81 所示；在"图层样式"对话框左侧勾选"投影"复选框，设置投影颜色为"#ff6203"，其他参数设置如图 5-82 所示。

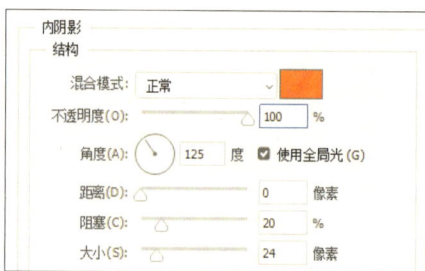

图 5-81

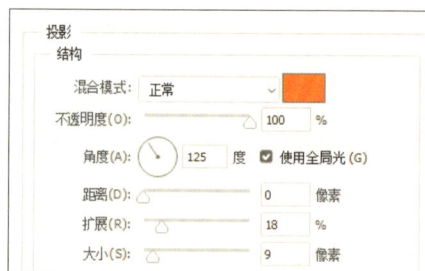

图 5-82

● **步骤 14** 单击 ⌈确定⌉ 按钮，返回图像编辑区，效果如图 5-83 所示。

图 5-83

● **步骤 15** 置入"绿叶 2.png"素材（配套资源:\素材\项目五\绿叶 2.png），调整其大小和位置，如图 5-84 所示。

● **步骤 16** 选择"滤镜"/"模糊"/"高斯模糊"命令，打开"高斯模糊"对话框，设置"半径"为"2 像素"，如图 5-85 所示，单击 ⌈确定⌉ 按钮。

● **步骤 17** 复制"绿叶 2"图层，选择"编辑"/"变换"/"水平翻转"命令，使用"移动工具"✛将翻转后的绿叶拖曳到图像编辑区右侧，效果如图 5-86 所示。

图 5-84    图 5-85    图 5-86

● **步骤18** 选择"横排文字工具"T.，在工具属性栏中单击"居中对齐文本"按钮≣，在"字符"面板中设置字体、字号、字距、颜色分别为"江西拙楷""81 点""100""#ff6203"，在"字符"面板下方单击"仿粗体"按钮**T**，在图像编辑区最上方的圆角矩形中输入"领券下单更优惠"文字，如图 5-87 所示。

图 5-87

● **步骤19** 按【Ctrl+J】组合键复制文字，使用"移动工具"✛.略微向上拖曳复制的文字，在"字符"面板中修改字号、颜色分别为"80点""白色"，效果如图 5-88 所示。

● **步骤20** 按住【Ctrl】键不放，在"图层"面板中选中制作的所有图层，单击面板底部的"创建新组"按钮▢，将所选图层创建为图层组，双击图层组名称，将名称修改为"背景"。

图 5-88

↘ 活动2　制作满减类优惠券

小艾准备先制作数量较多的满减类优惠券，这类优惠券主要通过设置购物金额门槛，激发消费者的潜在购物需求，或提高消费者的消费金额。在设计时可以尽量突显优惠金额和领券按钮，弱化满减条件信息，具体操作如下。

微课：制作满减类优惠券

● **步骤01** 选择"圆角矩形工具"▢.，在工具属性栏中取消描边，设置填充颜色、半径分别为"#fae2a4""16像素"，在大圆角矩形内部左上角绘制一个圆角矩形。

● **步骤02** 选择"图层"/"图层样式"/"斜面和浮雕"命令，打开"图层样式"对话框，设置高光颜色为"白色"，阴影颜色为"#f54c00"，其他参数设置如图 5-89所示。

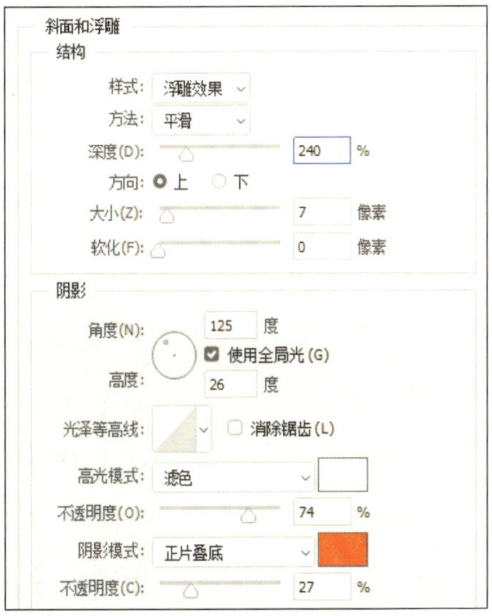

● **步骤03** 单击 确定 按钮，返回图像编辑区，效果如图 5-90 所示。

● **步骤04** 选择"圆角矩形工具"▢.，在工具属性栏中设置填充颜色、渐变样式、渐变角度、描边颜色、描

图 5-89

边宽度、描边选项、半径分别为"#f53d00 ～ #f79300""线性""90""#f23a00""2 像素""直线""10 像素"，在步骤 01 绘制的圆角矩形内部绘制一个较小的圆角矩形，效果如图 5-91 所示。

图 5-90

图 5-91

- **步骤 05** 在工具属性栏中修改填充颜色、描边颜色、半径分别为"#facc32 ～ #fbec83""#fff38e""20 像素"，在步骤 04 绘制的圆角矩形底部绘制一个更小的圆角矩形作为按钮背景。

- **步骤 06** 选择"图层"/"图层样式"/"斜面和浮雕"命令，打开"图层样式"对话框，设置高光颜色为"白色"，阴影颜色为"#221714"，其他参数设置如图 5-92 所示；在"图层样式"对话框左侧勾选"投影"复选框，设置投影颜色为"#ba2400"，其他参数设置如图 5-93 所示。

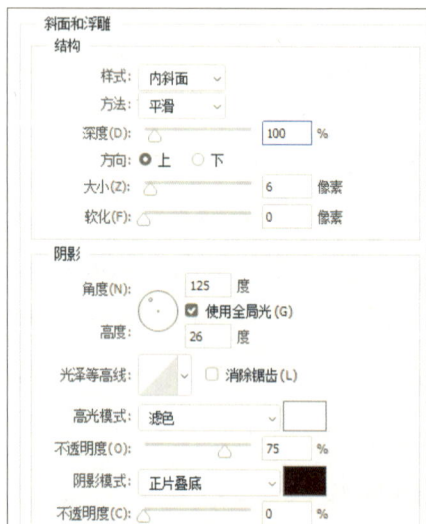

图 5-92

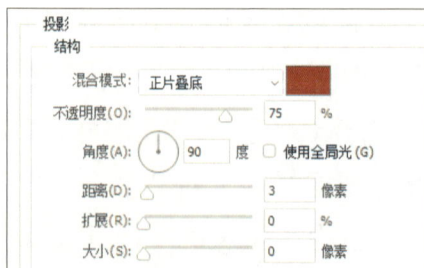

图 5-93

- **步骤 07** 单击 确定 按钮，返回图像编辑区，效果如图 5-94 所示。

- **步骤 08** 选择"椭圆工具" ，在工具属性栏中取消描边，依次设置填充颜色为"#db4e00""#821100"，并依次绘制图 5-95 所示的圆。

116

图 5-94

图 5-95

● **步骤 09** 选择"横排文字工具" **T.**，分别输入图 5-96 所示的文字，设置字体为"思源黑体 CN"，颜色分别为"白色""#791600""#fbe168"，并调整文字的字号、位置和间距。

● **步骤 10** 选择"10"图层，选择"图层"/"图层样式"/"投影"命令，打开"图层样式"对话框，设置投影颜色为"#dc3a02"，其他参数设置如图 5-97 所示，然后单击 确定 按钮。

图 5-96

图 5-97

● **步骤 11** 将满减类优惠券包含的所有图层创建为"满减"图层组，选择"满减"图层组，按两次【Ctrl+J】组合键进行复制，并调整复制后的图层组的位置，将 3 个满减类优惠券并排。

● **步骤 12** 选择"横排文字工具" **T.**，将鼠标指针定位到后两组满减金额文字上，单击插入光标，修改文字内容，效果如图 5-98 所示。

图 5-98

117

↘ **活动3　制作充值类优惠券**

微课：制作充值类优惠券

　　"珩农"网店的充值类优惠券主要面向该网店的会员，小艾在制作这类优惠券时需要明确目标对象。此外，为了将更多消费者转化为网店会员，小艾还准备在充值类优惠券中强调优惠程度，突出优惠力度，具体操作如下。

● **步骤01**　选择"圆角矩形工具" □，在工具属性栏中取消描边，设置填充颜色、渐变样式、渐变角度、半径分别为"#ff8a15～#fdd776""线性""90""84像素"，在满减类优惠券下方绘制一个圆角矩形。

● **步骤02**　选择"图层"/"图层样式"/"内发光"命令，打开"图层样式"对话框，设置内发光颜色为"白色"，其他参数设置如图5-99所示；在"图层样式"对话框左侧勾选"投影"复选框，设置投影颜色为"#f23a00"，其他参数设置如图5-100所示。

图 5-99　　　　　　　　　　　　　　　图 5-100

● **步骤03**　单击 确定 按钮，返回图像编辑区，效果如图5-101所示。

图 5-101

● **步骤04**　置入"优惠礼包.png"素材（配套资源:\素材\项目五\优惠礼包.png），调整其大小和位置，将该素材创建为圆角矩形图层的剪贴蒙版，效果如图5-102所示。

图 5-102

● **步骤05**　选择"椭圆工具" ○，在工具属性栏中取消描边，设置填充颜色、渐变样式、渐变角度分别为"#feb339～#fddc5e""线性""90"，在圆角矩形内部右侧绘制一个圆。

● **步骤06**　选择"图层"/"图层样式"/"内发光"命令，打开"图层样式"对话框，设置内阴影颜色为"白色"，其他参数设置如图5-103所示；在"图层样式"对话框左侧勾选"投影"复选框，设置投影颜色为"#f23a00"，其他参数设置如图5-104所示。

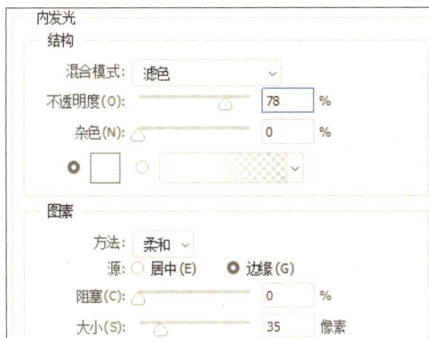

图 5-103

图 5-104

● **步骤 07**　单击 ⬛确定 按钮，返回图像编辑区，效果如图 5-105 所示。

● **步骤 08**　选择"圆角矩形工具" ⬜，在工具属性栏中取消描边，设置填充颜色、渐变样式、渐变角度、半径分别为"#ff921a ～ #ffe866""线性""90""17 像素"，在优惠礼包右侧绘制一个圆角矩形，如图 5-106 所示。

图 5-105

图 5-106

● **步骤 09**　使用"横排文字工具" T，分别输入图 5-107 所示的文字，设置字体为"思源黑体 CN"，颜色分别设为"白色""#821100"，调整文字的大小、位置和间距。

图 5-107

● **步骤 10**　按住【Ctrl】键不放，在"图层"面板中选中"VIP 充值 更优惠"图层和"充值优惠可与满减叠加使用"图层，在"字符"面板下方单击"仿斜体"按钮 T。

● **步骤 11**　选择"VIP 充值 更优惠"图层，选择"图层"/"图层样式"/"投影"命令，打开"图层样式"对话框，设置投影颜色为"#f23a00"，其他参数设置如图 5-108 所示。

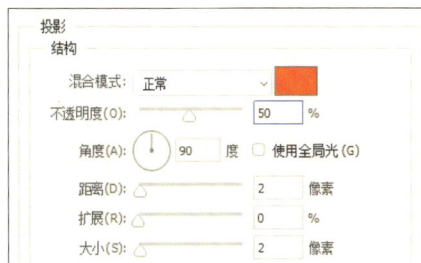

图 5-108

● **步骤 12**　单击 ⬛确定 按钮，返回图像编辑区，效果如图 5-109 所示。

图 5-109

● **步骤 13**　将充值类优惠券包含的所有图层创建为"充值"图层组，按【Ctrl+S】组合键保存文件（配套资源 :\ 效果 \ 项目五 \ 优惠活动区 .psd），最终效果如图 5-110 所示。

图 5-110

任务六 设计与制作商品分类区

任务描述

虽然"珩农"网店首页的导航中已经展示了商品分类信息，但受到尺寸限制，无法在每个类别中展示商品图片来吸引消费者。因此，小艾准备在遵循网店首页设计风格的前提下，采用模块式布局设计商品分类区，在每个模块中搭配简单易懂的图形、图片、文字等，这便于消费者清晰、直观地获取商品分类信息，起到良好的视觉引导作用，吸引消费者点击商品分类并购买商品。

任务实施

↘ 活动1 布局分类模块

根据"珩农"网店的资料，小艾准备在商品分类区设计"新鲜蔬菜""水果""时令美味""农产品礼盒"4个模块，并将它们整齐地排列，具体操作如下。

微课：布局分类模块

● **步骤01** 启动 Photoshop，新建大小为"1920 像素 × 700 像素"、分辨率为"72 像素 / 英寸"、名称为"商品分类区"的文件。

● **步骤02** 设置背景色为"#9bdd62"，按【Ctrl+Delete】组合键填充背景，将"优惠活动区 .psd"文件中的绿叶素材拖入"商品分类区 .psd"文件中，效果如图 5-111 所示。

● **步骤03** 选择"圆角矩形工具"▢，在工具属性栏中取消描边，设置填充颜色、半径分别为"#c6ebb9""30 像素"，在图像编辑区顶部左侧绘制一个圆角矩形；修改填充颜色、半径分别为"#3b8a0e""24 像素"，在圆角矩形内部绘制一个小圆角矩形，如图 5-112 所示。

图 5-111

图 5-112

● **步骤04** 选择"椭圆工具"◯，在工具属性栏中取消描边，设置填充颜色为"白色"，分别在浅绿色圆角矩形的左上角、右上角、左下角绘制 3 个椭圆，如图 5-113 所示。

● **步骤 05** 在"图层"面板中修改左上角椭圆的图层不透明度为"84%"、右上角椭圆的图层不透明度为"34%"、左下角椭圆的图层不透明度为"25%"，效果如图 5-114 所示。

● **步骤 06** 将这 3 个椭圆图层全部创建为浅绿色圆角矩形图层的剪贴蒙版，效果如图 5-115 所示。

● **步骤 07** 选择左上角的椭圆图层，选择"滤镜"/"模糊"/"高斯模糊"命令，打开"高斯模糊"对话框，设置"半径"为"52 像素"，单击 确定 按钮，效果如图 5-116 所示。

图 5-113　　　　　　　图 5-114　　　　　　　图 5-115　　　　　　　图 5-116

● **步骤 08** 选择"多边形工具" ◯，在工具属性栏中取消描边，设置填充颜色为"白色"，将鼠标指针移至深绿色圆角矩形内部右侧单击，打开"创建多边形"对话框，设置"宽度""高度""边数"分别为"18 像素""24 像素""3"，取消勾选"平滑拐角"复选框和"星形"复选框，单击 确定 按钮创建三角形，如图 5-117 所示。

● **步骤 09** 选择"横排文字工具" T，在"字符"面板中设置字体、字体样式、字距、颜色分别为"思源黑体 CN""Bold""-60""#3c660e"，在深绿色圆角矩形上方输入"新鲜蔬菜"文字；修改字体样式、字距、颜色分别为"Medium""-40""白色"，在深绿色圆角矩形中输入"热卖榜单"文字，调整所有文字的大小，效果如图 5-118 所示。

● **步骤 10** 将"新鲜蔬菜"类别包含的所有文字和图形创建为图层组。

● **步骤 11** 按【Ctrl+J】组合键复制步骤 10 创建的图层组，将复制的图层组移到"新鲜蔬菜"类别右侧，修改文字为"水果"，修改该文字颜色为"#c1430b"，修改大圆角矩形、小圆角矩形的填充颜色分别为"#fbd965""#c1430b"，如图 5-119 所示。

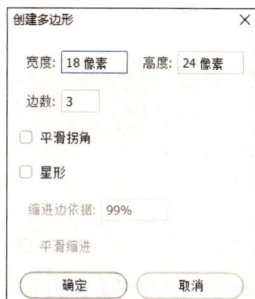  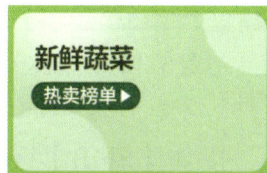 

图 5-117　　　　　　　图 5-118　　　　　　　图 5-119

● **步骤 12** 按【Ctrl+J】组合键复制步骤 10 创建的图层组，将复制的图层组移到"新鲜蔬菜"类别下方，修改文字为"时令美味"，修改该文字颜色为"#2d66d7"，修改大圆角矩形、小圆角矩形的填充颜色分别为"#7cd5ff""#3070e3"，如图 5-120 所示。

● **步骤 13** 按【Ctrl+J】组合键复制步骤 10 创建的图层组，将复制的图层组移到"时令美味"类别右侧，修改文字为"农产品礼盒"，修改该文字颜色为"#ad3e46"，修改大圆角矩形、小圆角矩形的填充颜色分别为"#fdc597""#ad3e46"，如图5-121所示。

- **步骤14** 至此，完成分类模块的布局，整体效果如图5-122所示。

图5-120 图5-121 图5-122

活动2 抠取农产品图像

完成分类模块的布局后便可依次添加农产品图片。由于部分农产品图片自带原始背景，直接展示在模块中效果不佳，因此需要先进行抠图，具体操作如下。

微课：抠取农产品图像

- **步骤01** 置入"新鲜蔬菜.jpg"素材（配套资源:\素材\项目五\新鲜蔬菜.jpg），调整素材的大小和位置，将素材创建为浅绿色圆角矩形图层的剪贴蒙版，效果如图5-123所示。

- **步骤02** 为了便于抠图，需要将鼠标指针移至"图层"面板的素材图层上，单击鼠标右键，在弹出的快捷菜单中选择"栅格化图层"命令，栅格化素材图层。

- **步骤03** 选择"选择"/"主体"命令，Photoshop将自动为易识别的蔬菜主体创建选区，如图5-124所示。

- **步骤04** 按【Shift+Ctrl+I】组合键反选选区，选中白色背景，按【Delete】键删除选区内容，再按【Ctrl+D】组合键取消选区，抠图效果如图5-125所示。

- **步骤05** 置入"农产品礼盒.jpg"素材（配套资源:\素材\项目五\农产品礼盒.jpg），调整素材的大小和位置，将素材创建为右下角圆角矩形图层的剪贴蒙版，并对该素材图层执行"栅格化图层"操作，效果如图5-126所示。

图5-123 图5-124 图5-125 图5-126

- **步骤06** 选择"魔棒工具" ，在工具属性栏中设置容差为"10"，勾选"消除锯齿"复选框和"连续"复选框，按住【Shift】键不放，单击素材中的所有空白区域，效果如图5-127所示。

- **步骤07** 按【Delete】键删除空白区域，再按【Ctrl+D】组合键取消选区，抠图效果如图5-128所示。

- **步骤08** 依次置入"水果.png"和"时令美味.png"素材（配套资源:\素材\项目五\水果.png、时令美味.png），调整素材的大小和位置，将素材依次创建为对应类别中圆角矩形图层的剪贴蒙版，由于这两个素材没有多余背景，因此无须抠图，最终效果如图 5-129 所示。

图 5-127　　　　　　　　　图 5-128　　　　　　　　　图 5-129

● **步骤 09**　按【Ctrl+S】组合键保存文件（配套资源 :\ 效果 \ 项目五 \ 商品分类区 .psd）。

任务七　设计与制作商品促销展示区

任务描述

　　"珩农"网店首页的商品促销展示区主要包含单品推广海报和折扣商品板块，总尺寸为 1920 像素 ×5300 像素。小艾准备在商品促销展示区顶部制作两张尺寸为 1920 像素 ×550 像素的单品推广海报，宣传"珩农"网店近期主推的葡萄、土豆；在单品推广海报下方制作折扣商品板块，展示商品的折扣和卖点，以增强消费者对商品的好感和购买欲。

任务实施

↘ 活动1　制作单品推广海报

　　在展示主推商品时，老李建议小艾制作单品推广海报，将商品的外观和卖点作为信息传达点，以快速吸引消费者的注意力，具体操作如下。

微课：制作单品
推广海报

● **步骤 01**　启动 Photoshop，新建大小为"1920 像素 ×5300 像素"、分辨率为"72 像素 / 英寸"、名称为"商品促销展示区"的文件。

● **步骤 02**　设置背景色为"#9bdd62"，按【Ctrl+Delete】组合键填充背景。

● **步骤 03**　选择"矩形工具" □，在工具属性栏中取消描边，设置填充颜色为"白色"，在图像编辑区顶部绘制一个大小为 1920 像素 ×550 像素的矩形，如图 5-130 所示。

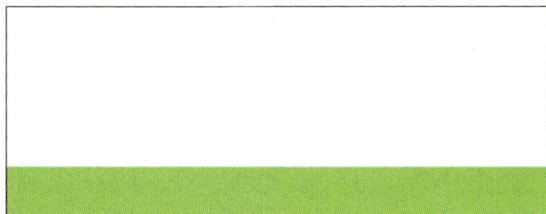

图 5-130

● **步骤 04**　置入"葡萄 .jpg"素材（配套资源 :\ 素材 \ 项目五 \ 葡萄 .jpg），调整素材的大小和位置，并将该素材创建为白色矩形图层的剪贴蒙版，效果如图 5-131 所示。

图 5-131

● 步骤 05　在"葡萄"图层上方新建图层，将新图层创建为白色矩形图层的剪贴蒙版。选择"渐变工具" ，在工具属性栏中设置渐变颜色为"#e75d62 ～透明"，单击"线性渐变"按钮 ，在葡萄图像左侧单击确定渐变起点，按住鼠标左键不放并向右拖曳鼠标至适当位置，如图 5-132 所示。释放鼠标左键，填充渐变颜色后的效果如图 5-133 所示。

图 5-132

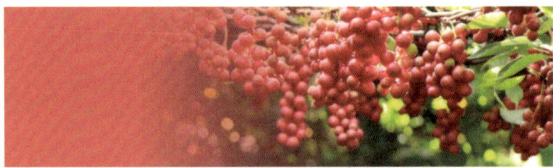

图 5-133

● 步骤 06　选择"横排文字工具" ，输入图 5-134 所示的文字，在"字符"面板中设置中文字体、英文字体分别为"思源黑体 CN""Adobe Garamond Pro"，第 1 行、第 2 行、第 3 行文字的字体样式分别为"Normal""Bold""Bold"，颜色均为"白色"，调整所有文字的大小、位置和字距。

● 步骤 07　使用与步骤 03 ～步骤 06 相同的方法，在图像编辑区下方制作另一张单品推广海报（配套资源:\素材\项目五\土豆.jpg），效果如图 5-135 所示。

图 5-134

图 5-135

↘ 活动2　制作折扣商品板块

　　由于折扣商品较多，小艾准备采用模块式布局整齐地排列所有折扣商品，并针对模块设计两种不同的样式，使折扣商品板块的视觉效果更加丰富、更有层次感，具体操作如下。

微课：制作折扣
商品板块

● 步骤 01　选择"圆角矩形工具" ，在工具属性栏中设置填充颜色、渐变样式、渐变角度、描边颜色、描边宽度、描边选项、半径分别为"#3b8a0e ～ #a1f657""线性""90""#e6cb7a""3 像素""直线""47 像素"，在土豆单品推广海报下方绘制一个圆角矩形。

● 步骤 02　选择"图层"/"图层样式"/"内发光"命令，打开"图层样式"对话框，设置内发光颜色为"#dde466"，其他参数设置如图 5-136 所示；在"图层样式"对话框左侧勾选"投影"复选框，设置投影颜色为"#3b8a0e"，其他参数设置如图 5-137 所示。

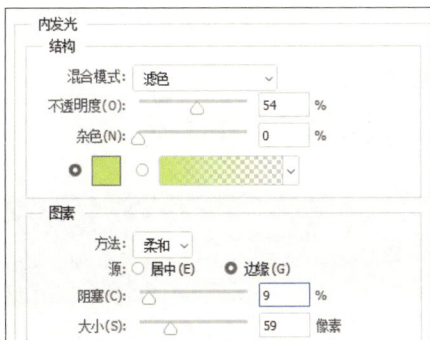

图 5-136

图 5-137

● **步骤 03**　单击 ⬭确定 按钮，返回图像编辑区，效果如图 5-138 所示。

● **步骤 04**　选择"横排文字工具" **T.**，在"字符"面板中设置字体、字体样式、字号、字距、颜色分别为"思源黑体 CN""Bold""66点""100""白色"，在圆角矩形中输入"更多折扣商品"文字。

图 5-138

● **步骤 05**　选择"图层"/"图层样式"/"渐变叠加"命令，打开"图层样式"对话框，设置渐变颜色为"#f6fbe0 ～ #ffde9d"，其他参数设置如图 5-139 所示；在"图层样式"对话框左侧勾选"投影"复选框，设置投影颜色为"#b11300"，其他参数设置如图 5-140 所示。

图 5-139

图 5-140

● **步骤 06**　单击 ⬭确定 按钮，返回图像编辑区，效果如图 5-141 所示。

图 5-141

● **步骤 07**　选择"圆角矩形工具" ⬭，在工具属性栏中设置填充颜色、渐变样式、渐变角度、描边颜色、描边宽度、描边选项、半径分别为"#8cd43e ～ #d4ff96""线性""90""#e6cb7a""3 像素""直线""30 像素"，在"更多折扣商品"下方绘制一个大圆角矩形。

● **步骤 08** 选择"图层"/"图层样式"/"投影"命令，打开"图层样式"对话框，设置投影颜色为"#3b8a0e"，其他参数设置如图 5-142 所示。

● **步骤 09** 单击 确定 按钮，返回图像编辑区，效果如图 5-143 所示。

图 5-142

图 5-143

● **步骤 10** 选择"圆角矩形工具" ，在工具属性栏中取消描边，设置填充颜色、半径分别为"白色""30 像素"，在大圆角矩形内部左侧绘制一个较小的圆角矩形。

● **步骤 11** 选择"图层"/"图层样式"/"内投影"命令，打开"图层样式"对话框，设置内阴影颜色为"#75a629"，其他参数设置如图 5-144 所示。

● **步骤 12** 单击 确定 按钮，返回图像编辑区，效果如图 5-145 所示。

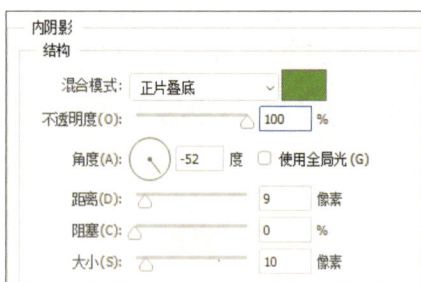

图 5-144

图 5-145

● **步骤 13** 选择"圆角矩形工具" ，在工具属性栏中设置填充颜色、渐变样式、渐变角度、描边颜色、描边宽度、描边选项、半径分别为"#7ec62f ～ #d3fe94""线性""90""#e6cb7a""4 像素""直线""32 像素"，在大圆角矩形上绘制一个稍微大一点的圆角矩形，如图 5-146 所示。

● **步骤 14** 选择"椭圆工具" ，在工具属性栏中单击"路径操作"按钮 ，在打开的下拉列表中选择"减去顶层形状"选项，然后在圆角矩形左侧绘制一个椭圆，如图 5-147 所示，减去椭圆形状覆盖的圆角矩形部分。

图 5-146

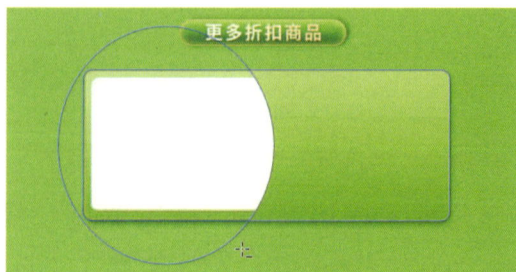

图 5-147

● **步骤 15**　选择"图层"/"图层样式"/"内发光"命令，打开"图层样式"对话框，设置内发光颜色为"#dde466"，其他参数设置如图 5-148 所示；在"图层样式"对话框左侧勾选"投影"复选框，设置投影颜色为"#9bdd62"，其他参数设置如图 5-149 所示。

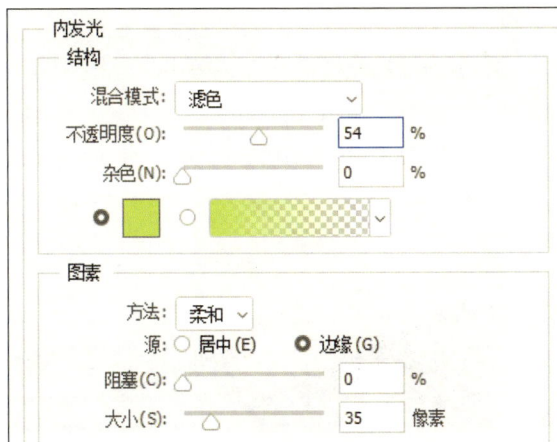

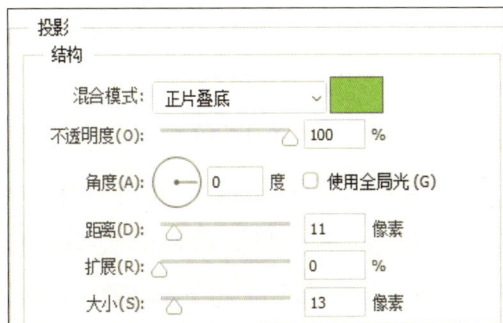

图 5-148　　　　　　　　　　　　　　　　　图 5-149

● **步骤 16**　单击 确定 按钮，返回图像编辑区，效果如图 5-150 所示。

● **步骤 17**　选择"直线工具" /，在工具属性栏中取消描边，设置填充颜色、粗细分别为"白色""3 像素"，单击"路径操作"按钮，在打开的下拉列表中选择"新建图层"选项，在被减去的圆角矩形中绘制一条水平线段。

● **步骤 18**　选择"椭圆工具" ○，在工具属性栏中取消填充，设置描边颜色、粗细分别为"白色""3 像素"，在线段下方绘制大小相同的、并排的 3 个圆。

● **步骤 19**　选择"圆角矩形工具" ○，在工具属性栏中取消描边，设置填充颜色、半径分别为"白色""13 像素"，在第 3 个圆的下方绘制一个圆角矩形，如图 5-151 所示。

图 5-150　　　　　　　　　　　　　　　　　图 5-151

● **步骤 20**　在"图层"面板中选择"更多折扣商品"图层，在其上单击鼠标右键，在弹出的快捷菜单中选择"拷贝图层样式"命令；按住【Ctrl】键不放，选择步骤 17 ～步骤 19 绘制的形状图层，在其上单击鼠标右键，在弹出的快捷菜单中选择"粘贴图层样式"命令，效果如图 5-152 所示。

● **步骤 21**　选择"横排文字工具" T，在"字符"面板中设置字体为"思源黑体 CN"，字体样式分别为"Medium""Bold"，颜色为"白色"，输入图 5-153 所示的文字，调整文字的大小、位置和字距，再修改"立即购买 >>"文字的颜色为"#3b8a0e"。

图 5-152

图 5-153

● 步骤 22　选择步骤 21 生成的所有白色文字图层，在其上单击鼠标右键，在弹出的快捷菜单中选择"粘贴图层样式"命令。

● 步骤 23　选择白色圆角矩形图层，置入"玉米 .jpg"素材（配套资源 :\ 素材 \ 项目五 \ 折扣商品 \ 玉米 .jpg），调整素材的大小和位置，将其创建为白色圆角矩形图层的剪贴蒙版，效果如图 5-154 所示。

图 5-154

● 步骤 24　将步骤 07 ～步骤 23 制作的所有图层创建为"折扣 1"图层组，按两次【Ctrl+J】组合键进行复制，调整复制的图层组的位置、方向、文字、图片（配套资源 :\ 素材 \ 项目五 \ 折扣商品），效果如图 5-155 所示。

● 步骤 25　选择"圆角矩形工具" ，在工具属性栏中设置填充颜色、渐变样式、渐变角度、描边颜色、描边宽度、描边选项、半径分别为"#8cd43e ～ #d4ff96""线性""90""#e6cb7a""3 像素""直线""30 像素"，在红萝卜左下方绘制一个圆角矩形。

图 5-155

● 步骤 26　选择"图层"/"图层样式"/"内发光"命令，打开"图层样式"对话框，设置内发光颜色为"#dde466"，其他参数设置如图 5-156 所示；在"图层样式"对话框左侧勾选"投影"复选框，设置投影颜色为"#9bdd62"，其他参数设置如图 5-157 所示。

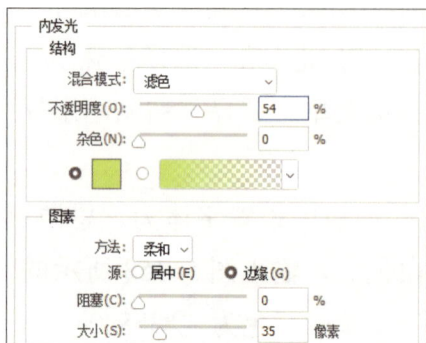

图 5-156

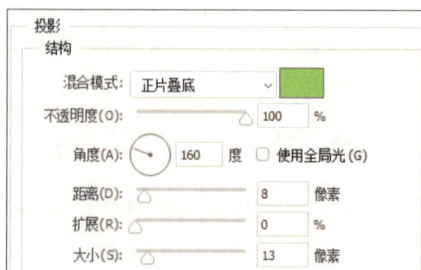

图 5-157

● **步骤 27**　单击 ⬭确定 按钮，返回图像编辑区，效果如图 5-158 所示。

● **步骤 28**　选择"圆角矩形工具" ◻，在工具属性栏中取消描边，设置填充颜色、半径分别为"白色""30 像素"，在刚刚绘制的圆角矩形内部再绘制一个圆角矩形，效果如图 5-159 所示。

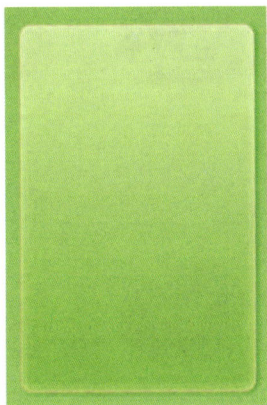

图 5-158　　　　　　　　　　　图 5-159

● **步骤 29**　按【Ctrl+J】组合键复制步骤 17 ～步骤 23 中制作的线段、圆角矩形、文字，调整大小、位置和文字，效果如图 5-160 所示。

● **步骤 30**　选择白色圆角矩形图层，置入"冬枣 .jpg"素材（配套资源 :\ 素材 \ 项目五 \ 折扣商品 \ 冬枣 .jpg），调整素材的大小和位置，将其创建为白色圆角矩形图层的剪贴蒙版，效果如图 5-161 所示。

图 5-160　　　　　　　　　　　图 5-161

● **步骤 31**　将步骤 25 ～步骤 29 制作的所有图层创建为"折扣 2"图层组，按 3 次【Ctrl+J】组合键进行复制，调整复制的图层组的位置、方向、文字、图片（配套资源 :\ 素材 \ 项目五 \ 折扣商品）。

● **步骤 32**　打开"优惠券和金币 .tif"素材（配套资源 :\ 素材 \ 项目五 \ 优惠券和金币 .tif），将其中的所有内容拖入"商品促销展示区 .psd"文件中，并将这些素材作为装饰置于"背景"图层上方，调整素材的大小和位置，最终效果如图 5-162 所示。

● **步骤 33**　按【Ctrl+S】组合键保存文件（配套资源 :\ 效果 \ 项目五 \ 商品促销展示区 .psd）。

图 5-162

任务八 设计与制作页尾

任务描述

客户希望在"珩农"网店首页的页尾中进一步宣传品牌和服务，于是小艾准备在页尾分别制作品牌形象图和服务保障图，帮助"珩农"网店进一步宣传品牌形象，增加消费者对该网店的好感和信任感。

任务实施

↘ 活动1 制作品牌形象图

美观的农产品图片是宣传"珩农"品牌最直观、有效的方式之一，因此，小艾准备将一张构图较好的果蔬图片作为背景，优化其亮度后，在其上输入品牌介绍文字，具体操作如下。

微课：制作品牌
形象图

- **步骤01** 启动 Photoshop，新建大小为"1920 像素 ×1000 像素"、分辨率为"72 像素 /英寸"、名称为"页尾"的文件。
- **步骤02** 设置背景色为"#f3f3f3"，按【Ctrl+Delete】组合键填充背景。
- **步骤03** 选择"矩形工具"□，在工具属性栏中取消描边，设置填充颜色为"#d2cdcd"，在图像编辑区顶部绘制一个大小为 1920 像素 ×630 像素的矩形，效果如图 5-163 所示。

● **步骤 04**　置入"果蔬 .jpg"素材（配套资源 :\ 素材 \ 项目五 \ 果蔬 .jpg），调整素材的大小和位置，将该素材创建为矩形图层的剪贴蒙版，效果如图 5-164 所示。

图 5-163

图 5-164

● **步骤 05**　素材图像的亮度较低，可以按【Ctrl+M】组合键打开"曲线"对话框，调整曲线，如图 5-165 所示，然后单击 确定 按钮。

● **步骤 06**　选择"矩形工具"，在工具属性栏中取消描边，设置填充颜色为"白色"，在素材图像中间绘制一个大小为 150 像素 ×7 像素的矩形，如图 5-166 所示。

● **步骤 07**　选择"横排文字工具"，在"字符"面板中设置字体为"思源黑体 CN"，字体样式分别为"Normal""Bold"，颜色为"白色"，字距分别为"100""50""0"，输入图 5-167 所示的文字，调整文字的大小和位置。

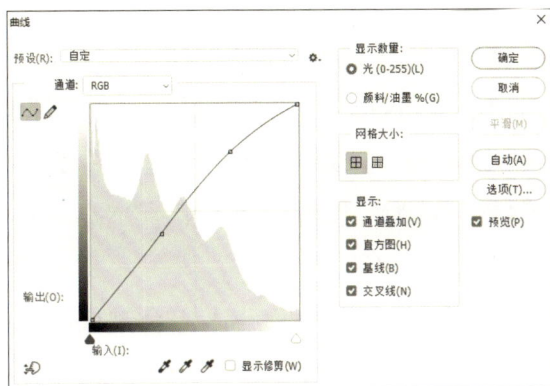

图 5-165

图 5-166

图 5-167

↘ **活动2　制作服务保障图**

"珩农"网店为消费者提供四大服务保障，小艾准备将这些服务保障以图标加文字的方式展现在页尾，打消消费者在购物过程中的顾虑，以增加网店的销量，具体操作如下。

微课：制作服务保障图

● **步骤 01**　置入在任务二制作的店标图片素材，调整素材的大小和位置，在"图层"面板中设置"店标"图层的不透明度为"26%"，效果如图 5-168 所示。

● **步骤 02**　置入"服务图标 .tif"素材（配套资源 :\ 素材 \ 项目五 \ 服务图标 .tif），调整素材的大小，将素材移至店标右侧，效果如图 5-169 所示。

图 5-168

图 5-169

- **步骤 03**　选择"横排文字工具"**T.**，在"字符"面板中设置字体、字体样式、字号、字距、颜色分别为"思源黑体 CN""Bold""48 点""50""#626061"，在店标中输入"服务保障"文字；修改字体样式、字号分别为"Medium""30 点"，在服务图标下方输入相关文字，如图 5-170 所示。

图 5-170

- **步骤 04**　选择"圆角矩形工具"□.，在工具属性栏中取消描边，设置填充颜色、半径分别为"#3b8a0e""26 像素"，在图像编辑区底部绘制一个圆角矩形。

- **步骤 05**　选择"横排文字工具"**T.**，在"字符"面板中设置字体、字体样式、字号、字距、颜色分别为"思源黑体 CN""Normal""34 点""100""白色"，在圆角矩形中输入"返回顶部"文字。

- **步骤 06**　按【Ctrl+S】组合键保存文件（配套资源 :\ 效果 \ 项目五 \ 页尾 .psd），最终效果如图 5-171 所示。

图 5-171

同步实训——制作绿植网店首页

实训要求

　　"微绿"网店主要售卖用于家居装饰的多肉盆栽，目标消费者是喜爱绿植、热爱生活的年轻人。由于"微绿"网店中的商品风格以淡雅、清新、自然为主，因此网店首页的视觉设计风格以清新为主，采用清爽的绿色为主色，在设计时还可点缀植物的其他色彩和可爱的装饰元素，使网店首页的视觉效果更加丰富。绿植网店首页的参考效果如图 5-172 所示。

图 5-172

实训提示

- **步骤 01** 使用"钢笔工具" ✍ 绘制绿植形状的店标，使用"橡皮擦工具" ✐ 适当擦除部分线条，使用"横排文字工具" T 输入网店名称，并为整个店标添加绿色的"渐变叠加"图层样式。

- **步骤 02** 使用形状工具组绘制店招和导航，输入相应的文字，可为部分形状添加"斜面和浮雕"图层样式，以突显形状中的文字。

- **步骤 03** 制作首屏海报。置入"绿植 1.jpg ~ 绿植 4.jpg"素材（配套资源:\素材\项目五\微绿），使用形状工具组在其上绘制装饰形状，然后输入海报文字。

- **步骤 04** 制作优惠券。使用形状工具组绘制优惠券形状，然后输入优惠信息。

- **步骤 05** 制作单品推广海报。使用形状工具组绘制形状进行布局，如图 5-173 所示。依次置入"精品 1 背景 .jpg""精品 1.jpg"素材（配套资源:\素材\项目五\微绿），并将其创建为相应形状图层的剪贴蒙版，然后输入海报文字。使用相同的方法制作另一张单品推广海报。

- **步骤 06** 制作新品速览区。使用形状工具组绘制形状进行布局，如图 5-174 所示。添加"新品展现 .psd"素材（配套资源:\素材\项目五\微绿\新品展现 .psd）中的绿植图片，并将其创

图 5-173

建为相应形状图层的剪贴蒙版，再输入文字。

- 步骤 07　制作页尾。置入"页尾背景 .jpg"素材（配套资源 :\ 素材 \ 项目五 \ 微绿 \ 页尾背景 .jpg），然后在其上绘制形状，输入文字。
- 步骤 08　分别将每个板块包含的图层创建为图层组，按【Ctrl+S】组合键保存文件（配套资源 :\ 效果 \ 项目五 \ 绿植网店首页 .psd）。

图 5-174

项目小结

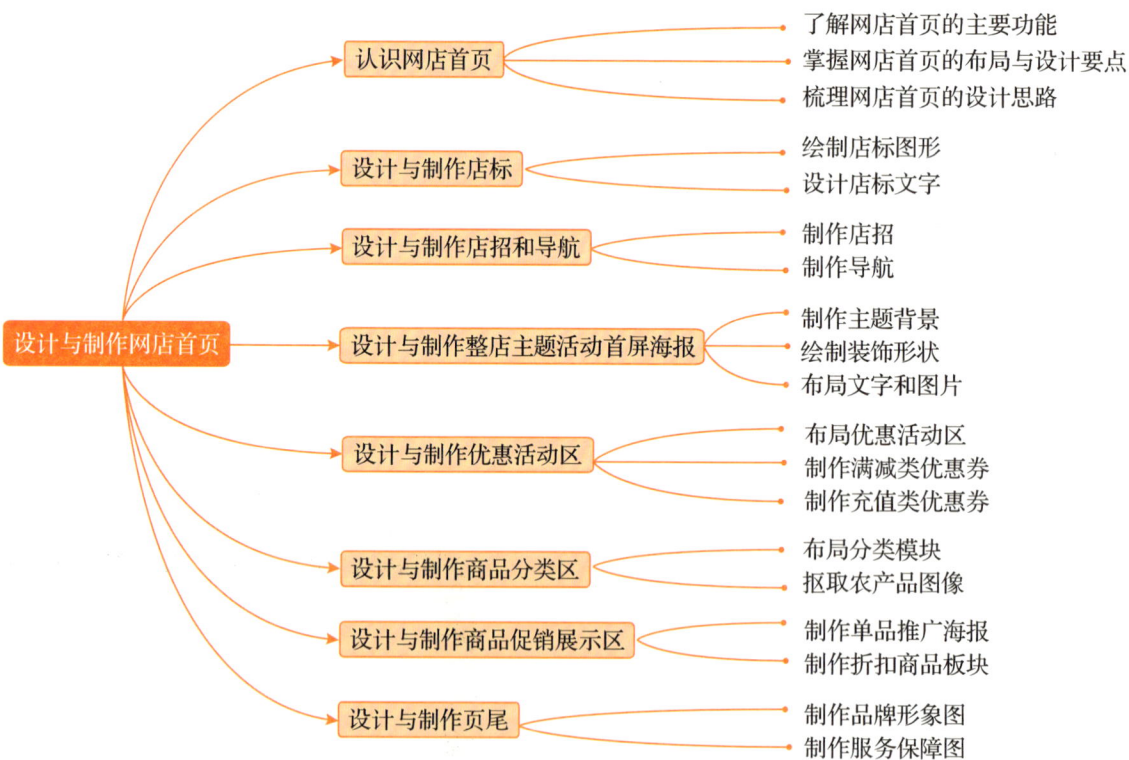

户外电影

旅行推荐行李箱

项目六
制作商品短视频

随着商品短视频越来越受欢迎，小艾所在的部门接到了许多商品短视频制作任务，商家希望通过短视频的方式宣传商品，以提高商品转化率。老李观察到，小艾之前设计与制作的网店首页效果不错，且小艾的自主学习能力较强，视频剪辑基础较好，于是将一个行李箱短视频制作任务交给她。

➡ 知识目标

- 了解商品短视频的类型和要求。
- 掌握商品短视频的制作要点。

➡ 技能目标

- 能够制作行李箱短视频。
- 能够制作无人机短视频。

➡ 素养目标

- 具有较强的信息技术素养，能够使用软件高效地完成工作。
- 能根据商品特征，选择导向正确、内容健康的方式，在商品短视频中准确地传达商品的卖点，以提高商品转化率。

任务一 认识商品短视频

任务描述

小艾虽然有一定的视频剪辑基础，但为网店制作商品短视频的经验较少。为了制作出令商家满意的商品短视频，小艾准备先熟悉商品短视频的基础知识，然后梳理出商品短视频的制作要点。

任务实施

↘ 活动1 了解商品短视频的类型和要求

小艾了解到，商家或个人以商品短视频为媒介，通过淘宝网、京东商城、拼多多等电商平台，以及抖音、快手、微信视频号等短视频平台，向消费者推广和销售自己的商品，从而获取销售额。小艾将商品短视频的作用归纳为3点，如图6-1所示。

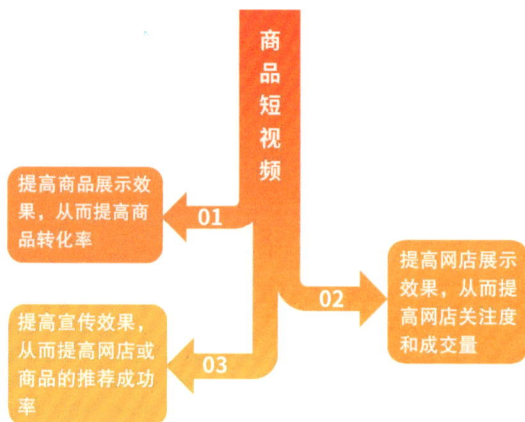

图6-1

1. 商品短视频的类型

商品短视频根据不同的内容和作用，可以分为商品展示类短视频、场景测试类短视频、广告类短视频和知识类短视频等。

● **商品展示类短视频**。商品展示类短视频主要展示商品的外观和功能，比较适合家用电器、3C数码、箱包等品类。例如，制作耳机短视频时，可以通过节奏明快的卡点音乐多方位展示耳机的外观，如图6-2所示。

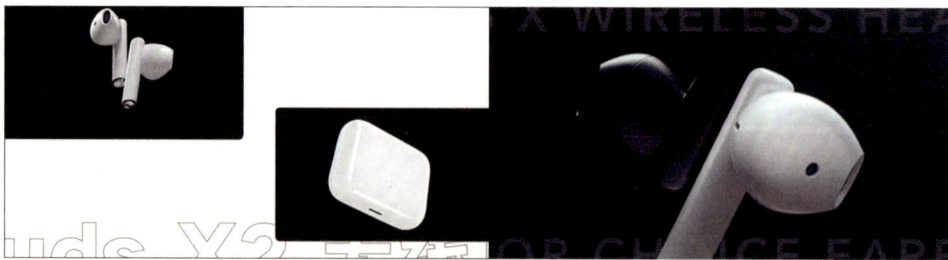

图6-2

● **场景测试类短视频**。场景测试类短视频主要是商品的对比测评或使用场景的模拟情景等，比较适合食品、美妆、服装等品类。与商品展示类短视频相比，场景测试类短视频不仅要模拟使用场景，还要全面且客观地展现商品的特点。例如，制作纸巾短视频时，就可以通过使用纸巾的场景展现纸巾的优点，如图6-3所示。场景测试类短视频不仅适用于电商平台，还适用于自媒体平台，有很多创作团队通过此类视频进行电商变现。

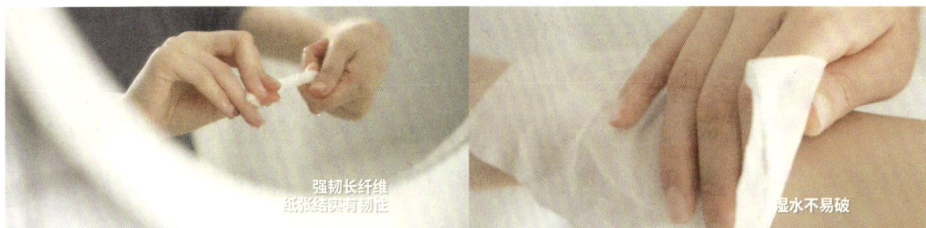

图 6-3

● **广告类短视频**。广告类短视频主要出现在电视、各大视频网站的广告中，但一些网店在发布新品时，也会制作广告类短视频在各大平台进行推广。例如，图 6-4 所示为某网店的投影仪商品详情页中的广告类短视频，不仅内容专业，而且聘请了专业的模特，制作成本较高，视频脚本较复杂，对制作技术的要求较严苛。

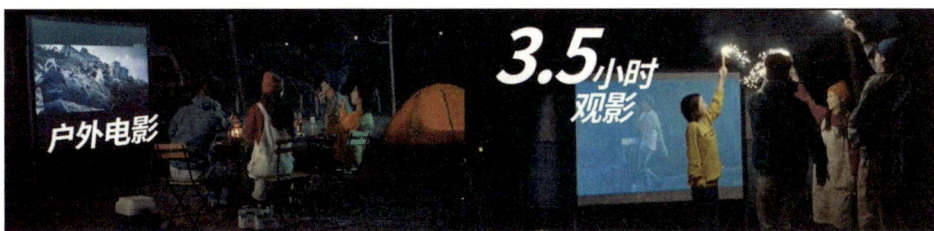

图 6-4

● **知识类短视频**。知识类短视频比较常见，因为每个商品背后都有一个行业，每个行业都有很多让人感兴趣的知识，且这类视频的制作门槛和成本都相对较低，对商品品类的包容性也更好。例如，图 6-5 所示为某网店的青蟹商品详情页中的知识类短视频截图，介绍了处理和烹饪青蟹的小知识。

图 6-5

2. 不同平台对商品短视频的要求

不同的电商平台和短视频平台对商品短视频有不同的要求，小艾准备依次了解这些要求。

（1）淘宝网

在淘宝网中，商品短视频主要有主图视频（项目三已详细介绍了主图视频的相关知识）和详情页视频。其中，详情页视频主要以视频形式对商品进行补充介绍，通常显示在详情页图片中间，如图 6-6 所示。淘宝网对详情页视频的要求如下。

图 6-6

- **详情页视频的大小**。建议不超过 300MB。
- **详情页视频的尺寸**。建议分辨率尽量为 1280 像素 ×720 像素，比例尽量为 16：9。
- **详情页视频的格式**。支持 WMV、AVI、MPG、MPEG、3GP、MOV、MP4、FLV、F4V、M2T、MTS、RMVB、VOB、MKV 等格式（阿里创作平台目前仅支持 MP4 格式）。
- **详情页视频的时长**。建议时长为 1～3 分钟。
- **详情页视频的内容**。无水印，无二维码，无外部网站信息，网店或品牌 Logo 不得在正片中以角标或水印的形式出现；视频内容必须与商品相关，不能是纯娱乐、纯搞笑内容，不建议将电子相册式翻页图片作为视频内容。

📚 素养小课堂

网店美工在制作详情页视频时，应具备良好的视频审美和信息传达能力，在视频中避免：文字大面积铺盖画面，干扰消费者正常查看商品；文字区域的颜色过于醒目，分散消费者注意力；文字区域在商品中央且透明度低，妨碍消费者正常观看商品。

（2）抖音

抖音是一款音乐创意短视频社交软件，是目前非常热门的短视频平台之一。抖音拥有巨大的流量，越来越多的商家愿意利用抖音进行商品营销，如发布商品宣传短片或评测短片，消费者可以通过观看视频了解商品。图 6-7 所示为抖音的短视频界面。抖音对商品短视频的要求如下。

- **抖音短视频的大小**。在抖音平台上发布的视频不超过 4GB。
- **抖音短视频的尺寸**。比例一般为 9：16，分辨率一般为 540 像素 ×960 像素，但建议使用高清分辨率，如 720 像素 ×1280 像素、1080 像素 ×1920 像素。
- **抖音短视频的格式**。建议使用 MP4、WEBM 格式。
- **抖音短视频的时长**。一般情况下，发布的抖音短视频的时长不能超过 5 分钟；而对于知识类视频，则开放时长 5 分钟的长视频权限。
- **抖音短视频的内容**。无外部网站水印，画面整洁、精致美观、比例恰当、内容详细、有可看度、积极向上。

✏️ 经验之谈

在手机上下载抖音App并注册和登录抖音账号，点击右下角的"我"选项卡，点击界面右上角的"更多"按钮⊜，在打开的列表中选择"抖音创作者中心"选项，在打开的界面中点击"学习中心"按钮🎓，打开"抖音创作者学习中心"界面，在导航栏中点击"规则与机制"选项卡，在打开的界面中可以查看抖音平台的短视频相关规则。

（3）快手

快手是一款供用户记录和分享各种短视频的平台，强调多元化、去中心化，拥有大量三四线及以下城市和农村地区的用户。图 6-8 所示为快手的短视频界面。快手对商品短视频的要求如下。

图 6-7

图 6-8

- **快手短视频的大小**。在移动端发布的视频不超过 4GB，在 PC 端发布的视频不超过 8GB。

- **快手短视频的尺寸**。建议使用竖屏比例，分辨率为 720 像素 × 1280 像素。

- **快手短视频的格式**。支持 MP4、MKV、M4V、MPG、MPEG 等格式。

- **快手短视频的时长**。在移动端发布的视频时长可以达到 15 分钟，在 PC 端发布的视频时长不超过 30 分钟。

- **快手短视频的内容**。画面整洁，声音清晰，视频内容完整、真实、有趣、积极向上。不能发布违禁信息、其他平台信息、虚假宣传信息、诱导互动的信息等。

（4）微信视频号

不同于微信的订阅号、服务号，微信视频号是一个以短视频为主的内容记录与创作平台，用户可以在该平台上发布不超过 1 分钟的短视频。图 6-9 所示为微信视频号的界面。微信视频号对商品短视频的要求如下。

- **微信视频号短视频的大小**。在微信视频号上发布的视频不超过 2GB。

- **微信视频号短视频的尺寸**。建议发布标准比例的视频（16∶9 或 9∶16），分辨率为 720P 以上。

- **微信视频号短视频的格式**。建议使用 MP4、H.264 格式。

- **微信视频号短视频的时长**。在移动端发布的视频时长为 3 秒～ 30 分钟，在 PC 端发布的视频时长为 3 秒～ 60 分钟。

图 6-9

● **微信视频号短视频的内容**。对原创度的要求十分严格，尽量为根据自己的定位拍摄的真实生活的原创视频。

↘ 活动2　掌握商品短视频的制作要点

不同类型的商品短视频，制作时的侧重点有所不同。

● **商品展示类短视频的制作要点**。主要展示商品信息，包括介绍商品的功能（复杂的功能和使用方法可在此处补充介绍）、多元化的使用场景、原料、工艺、制作过程、技术创新、使用教程等内容，也可叙述商品背后的故事。

● **场景测试类短视频的制作要点**。主要通过测试展示商品，需要围绕商品的卖点、功能、材质、价格等做真实客观的测试、对比，突出商品的优点，明确商品的使用场景和适用人群。

● **广告类短视频的制作要点**。主要表现商品的广告主题，突显商品的品质和品牌理念，融合商品、品牌和创意，体现出商品和品牌的格调、品质、深刻的内涵，加深消费者对商品和品牌的认知。

● **知识类短视频的制作要点**。主要展示与商品相关的专业知识，可以展示商品的卖点、特性等信息，让消费者更了解商品；也可以展示商品和品牌的背景、科普知识或核心技术知识等。

由于行李箱属于箱包类商品，在日常生活中有多种使用场景，因此小艾考虑综合商品展示类短视频和场景测试类短视频的制作要点，一方面重点对行李箱的外观、卖点、使用场景等做简洁有效的介绍，另一方面对行李箱的生产工艺、结构性能、优良品质做详细介绍，以打消消费者的顾虑，赢得消费者的好感和信任，同时激发消费者对行李箱的潜在需求，提高行李箱的成交率。

此外，因为该行李箱网店开设在淘宝网中，且该行李箱短视频主要应用在行李箱详情页中，所以小艾将按照详情页视频的要求进行制作。完成制作后，行李箱商家可根据需要，将行李箱短视频发布到抖音、快手、微信视频号等平台进行宣传。

综合以上内容，小艾对该短视频内容做了进一步细分，梳理出该行李箱短视频的制作要点，如表6-1所示，以便根据此表剪辑行李箱短视频，从而提高自己的短视频制作效率。

表6-1　行李箱短视频的制作要点

要点	内容	预计时长
行李箱的外观	主要展示行李箱闭合时的整体外观及多种配色	15秒
行李箱的容量	主要展示行李箱的内部容量	10秒
行李箱的使用场景	主要展示行李箱的使用场景，如火车站、机场、街道、小巷、旅行途中等，并且尽量选择不同的路面展示行李箱的使用情况	20秒
行李箱的性能	主要展示行李箱的防水性能和耐摔性能	15秒
行李箱的生产工艺	主要展示工厂生产行李箱的过程	10秒

任务二 剪辑商品短视频素材

任务描述

制作行李箱短视频需要大量使用视频素材，这些视频素材的时长不同，小艾需要先在剪映专业版软件中添加素材，在"时间轴"面板中确定每个素材的顺序，再依次对单个素材进行剪辑，删掉不需要的视频片段，并根据需求调整视频播放速度。

任务实施

↘ 活动1 添加视频素材并调整顺序

在剪辑行李箱短视频素材时，小艾准备根据行李箱短视频的制作要点，在剪映专业版中添加所有视频素材并调整顺序，使行李箱短视频的内容条理清晰、合乎逻辑，具体操作如下。

微课：添加视频素材并调整顺序

- **步骤01** 启动剪映专业版，创建"草稿名称""分辨率"分别为"行李箱短视频""1920像素 ×1080像素"的草稿，开启"代理模式"功能和"自由层级"功能。

- **步骤02** 在工作界面左上角的"媒体"选项卡中导入所有的行李箱视频素材（配套资源:\ 素材 \ 项目六 \ 行李箱）。

- **步骤03** 将时间指示器移至 00:00:00:00 处，将"外观 .mp4"素材拖曳到"时间轴"面板中，在"播放器"面板中调整画面的大小和位置，效果如图 6-10 所示。

- **步骤04** 将时间指示器移至视频素材的最右端，将"容量 .mp4"素材拖曳到时间指示器右侧，在"播放器"面板中调整画面的大小和位置，效果如图 6-11 所示。

图 6-10 　　　　　　　　　　　　　　　　图 6-11

- **步骤05** 使用与步骤 04 相同的方法依次在"时间轴"面板中添加"家人出行 .mp4""出差 .mp4""过街 .mp4""石板路 .mp4""旅行 .mp4""性能 .mp4""工艺 .mp4""生产成品 .mp4"素材，并调整画面的大小和位置。

↘ 活动2 分割视频素材并调整播放速度

由于各个视频素材的时长不同，且存在不需要的片段，因此小艾在分割素材后需要删除多余片段，然后调整素材的播放速度，以增强短视频的节奏感，具体操作如下。

● 步骤 01 将时间指示器移至 00:00:51:07 处，在"时间轴"面板中单击"分割"按钮❚或按【Ctrl+B】组合键，分割素材，然后选择分割后的后半段素材，如图6-12所示，按【Delete】键删除。

● 步骤 02 将时间指示器移至 00:00:56:14 处，按【Ctrl+B】组合键分割素材，然后选择分割后的后半段素材，按【Delete】键删除。

● 步骤 03 在 00:00:58:29 处分割"过街.mp4"素材，删除分割后的后半段素材；在 00:01:09:05、00:01:14:22 处分割"石板路.mp4"素材，删除分割后的前半段素材与后半段素材，保留中间段素材；在 00:01:34:15 处分割"旅行.mp4"素材，删除分割后的后半段素材；在 00:01:58:19 处分割"工艺.mp4"素材，删除分割后的前半段素材。删除部分片段后的"时间轴"面板如图 6-13 所示。

图 6-12

图 6-13

● 步骤 04 在"时间轴"面板中选择"外观.mp4"素材，在工作界面右上角单击"变速"选项卡，在其中单击"曲线变速"选项卡，选择"闪出"选项，下方将显示变速曲线，若有需要，则可拖曳曲线调整速度，如图6-14所示。

● 步骤 05 在"时间轴"面板中选择"容量.mp4"素材，在工作界面右上角单击"变速"选项卡，在其中单击"常规变速"选项卡，设置"倍数"为"1.3x"，下方的"时长"参数将根据"倍数"自动变化，如图6-15所示。

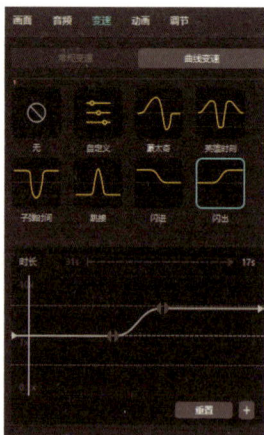

图 6-14

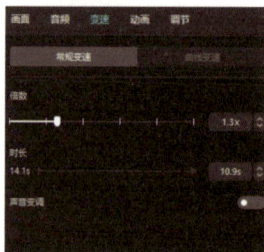

图 6-15

● 步骤 06 使用与步骤05相同的方法将"家人出行.mp4"素材的常规变速"倍数"设置为"2.0x"；将"出差.mp4"素材的常规变速"倍数"设置为"1.3x"；将"石板路.mp4"素材的常规变速"倍数"设置为"1.7x"；将"旅行.mp4"素材的常规变速"倍数"设置为"5.0x"；将"性能.mp4"素材的常规变速"倍数"设置为"1.3x"；将"工艺.mp4"

素材的常规变速"倍数"设置为"1.7x","时间轴"面板将显示对应的变速效果,如图6-16所示。

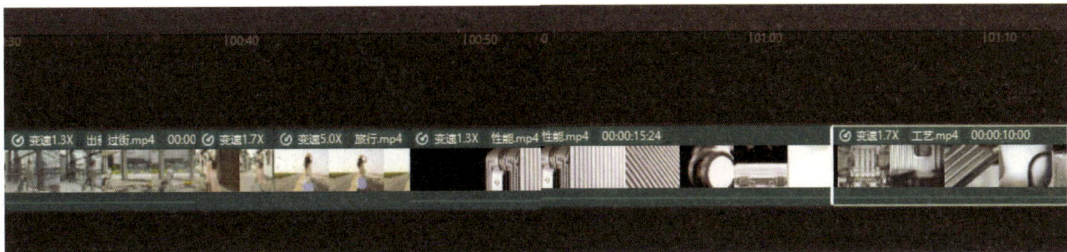

图6-16

● **步骤07** 在"时间轴"面板中选择"生产成品.mp4"素材,在工作界面右上角单击"变速"选项卡,在其中单击"曲线变速"选项卡,选择"蒙太奇"选项,如图6-17所示。

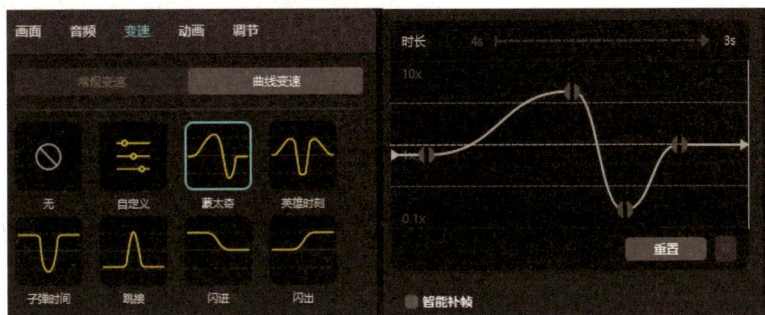

图6-17

任务三 美化商品短视频画面

任务描述

为了使行李箱短视频的整体风格保持一致,每段视频素材的色调应基本相同。小艾发现一些视频素材亮度不足、色调不合适,会影响行李箱短视频的整体美观度,她决定通过调色和添加滤镜的方式美化这些视频画面。

任务实施

↘ 活动1 调整画面色彩

对于亮度不足、明显偏色的行李箱视频素材,小艾通过剪映专业版中的"调节"功能调整画面色彩,具体操作如下。

微课:调整画面色彩

● **步骤01** 在"时间轴"面板中选择"出差.mp4"素材,可以发现其色调明显偏蓝,如图6-18所示,与其他行李箱使用场景的视频素材的色调不统一。

● **步骤02** 在工作界面右上角单击"调节"选项卡,在其中的"基础"选项卡中单击"肤色保护"功能右侧的▨按钮,使其处于开启状态▨,在"色彩"栏中设置"色温"为"15";

单击"HSL"选项卡，单击蓝色色块◉，使其处于选中状态◉，在下方设置"饱和度"为"-24"，如图 6-19 所示。此时，"出差 .mp4"素材的画面如图 6-20 所示。

图 6-18　　　　　　　　　　　　　　　　　图 6-19

● **步骤 03**　在"时间轴"面板中选择"石板路 .mp4"素材，可以发现其亮度、曝光度不足，如图 6-21 所示，与其他行李箱使用场景的视频素材的色调不统一。

图 6-20　　　　　　　　　　　　　　　　图 6-21

● **步骤 04**　在工作界面右上角单击"调节"选项卡，在其中的"基础"选项卡中单击"肤色保护"功能右侧的◯按钮，使其处于开启状态◉，在"明度"栏中设置"高光""阴影""光感"分别为"12""22""4"，如图 6-22 所示。此时，"石板路 .mp4"素材的画面如图 6-23 所示。

图 6-22　　　　　　　　　　　　　　图 6-23

● **步骤 05**　在"时间轴"面板中选择"生产成品 .mp4"素材，可以发现其色调明显偏蓝、偏青，如图 6-24 所示，与前一个视频素材的色调不统一。

步骤 06　在工作界面右上角单击"调节"选项卡，在其中的"基础"选项卡中设置"色温""色调""阴影""光感"分别为"4""4""8""22"，如图 6-25 所示。

图 6-24

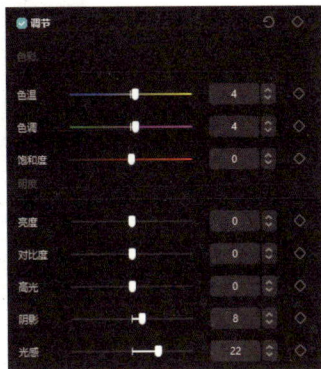

图 6-25

步骤 07　单击"HSL"选项卡，单击蓝色色块 ◉，在下方设置"饱和度"为"-21"；单击青色色块 ◉，在下方设置"色相""饱和度"分别为"10""-25"，如图 6-26 所示。此时，"生产成品 .mp4"素材的画面如图 6-27 所示。

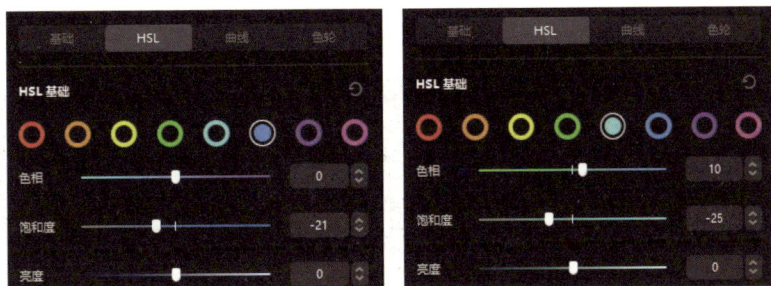

图 6-26

图 6-27

↘ 活动2　添加滤镜

小艾想将所有的行李箱使用场景视频调整为统一、自然的氛围，但依次调节稍显麻烦，老李便建议她为这些视频添加统一的滤镜，以便快速实现需要的效果，具体操作如下。

微课：添加滤镜

步骤 01　将时间指示器移至 00:00:27:14 处，在工作界面左上角单击"滤镜"选项卡，在"风景"列表中选择"仲夏"滤镜，如图 6-28 所示，然后单击该滤镜右下角的"添加到轨道"按钮 ⊕。

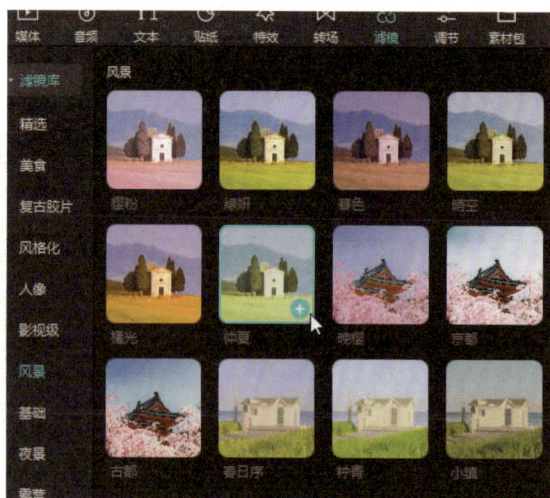

图 6-28

- **步骤 02**　"仲夏"滤镜被添加到时间指示器右侧的新轨道中，将鼠标指针移至该滤镜终点处，按住鼠标左键不放并拖曳终点至 00:00:47:20 处，如图 6-29 所示。
- **步骤 03**　在"时间轴"面板中选择轨道中的"仲夏"滤镜，此时，工作界面右上方将显示"滤镜"选项卡，设置滤镜"强度"为"53"，如图 6-30 所示。

图 6-29

图 6-30

- **步骤 04**　保持时间指示器在 00:00:27:14 处，在"滤镜"选项卡的"室内"列表中选择"淡奶油"滤镜，如图 6-31 所示，然后单击该滤镜右下角的"添加到轨道"按钮⊕。
- **步骤 05**　"淡奶油"滤镜被添加到时间指示器右侧的新轨道中，将鼠标指针移至该滤镜终点处，按住鼠标左键不放并拖曳终点至 00:00:47:20 处，如图 6-32 所示。

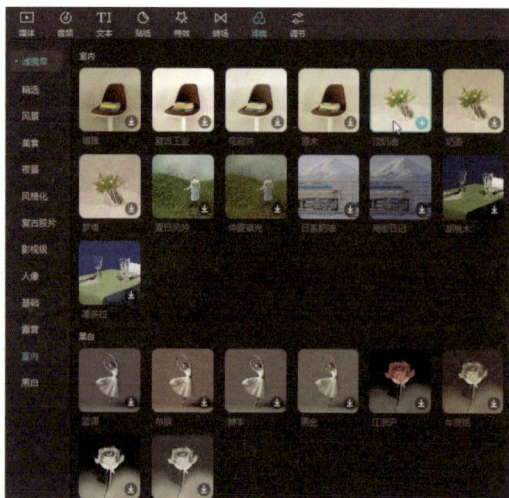

图 6-31

图 6-32

● **步骤06** 在"时间轴"面板中选择轨道中的"淡奶油"滤镜,在工作界面右上方的"滤镜"选项卡中设置滤镜"强度"为"61"。

● **步骤07** 保持时间指示器在00:00:27:14处,在"滤镜"选项卡的"基础"列表中选择"清晰"滤镜,如图6-33所示,然后单击该滤镜右下角的"添加到轨道"按钮 ➕。

● **步骤08** "清晰"滤镜被添加到时间指示器右侧的新轨道中,将鼠标指针移至该滤镜终点处,按住鼠标左键不放并拖曳终点至00:00:47:20处,如图6-34所示。

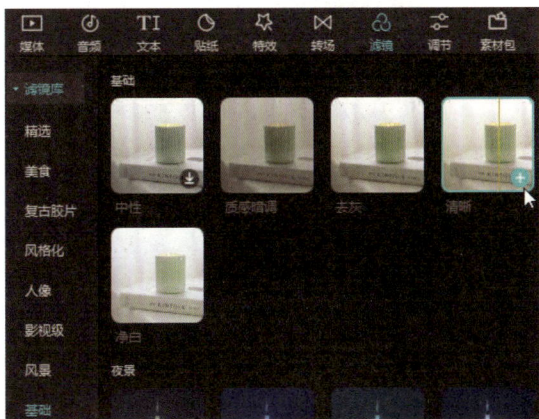

图 6-33

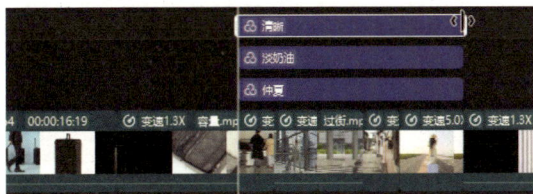

图 6-34

任务四　添加字幕、贴纸及音频

任务描述

完整的行李箱短视频应该包括视频画面、字幕及音频,此外,还可以添加贴纸来装饰视频画面。小艾在美化行李箱短视频画面后,准备先制作标题文字,然后制作字幕和读音频,再添加贴纸来装饰片头画面,最后添加音效和背景音乐。

任务实施

↘ 活动1　制作标题文字

为行李箱短视频添加标题,既能提高视频的完整度,又能让消费者对视频主题一目了然。因此,小艾准备在行李箱短视频中制作"好用行李箱"标题文字,具体操作如下。

微课:制作标题文字

● **步骤01** 将时间指示器移至00:00:00:00处,在工作界面左上角单击"文本"选项卡,展开"文字模板"栏,在"片头标题"列表中选择图6-35

图 6-35

所示的模板，然后单击该模板右下角的"添加到轨道"按钮。

● **步骤 02**　所选文字模板被添加到时间指示器右侧的新轨道中，如图6-36所示。

● **步骤 03**　在"时间轴"面板中选中添加的文字模板，此时，工作界面右上角将显示"文本"选项卡，将"第1段文本"设置为"好用行李箱"，"第2段文本"设置为"「GOOD SUITCASE」"，将"缩放"设置为"88%"，如图6-37所示。

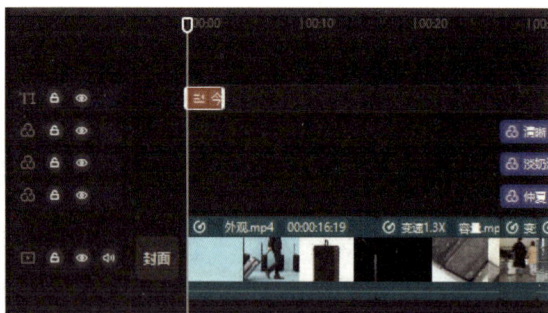

图 6-36

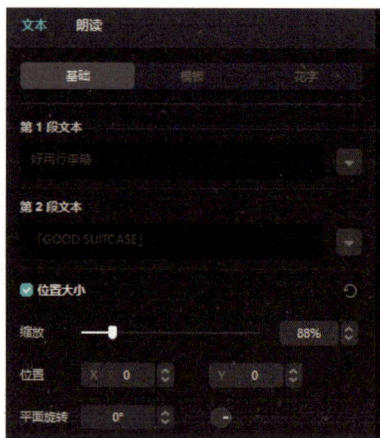

图 6-37

● **步骤 04**　将时间指示器移至00:00:01:26处，此时，文字模板完全显示在视频画面中，"播放器"面板中的画面如图6-38所示。

图 6-38

↘ 活动2　制作字幕和朗读音频

　　为了更直观地介绍行李箱，小艾准备在行李箱短视频中添加字幕进行说明，以便消费者理解；同时使用剪映专业版的"朗读"功能为字幕制作相应的音频，使行李箱短视频更加专业，具体操作如下。

● **步骤 01**　将时间指示器移至00:00:08:17处，在工作界面左上角单击"文本"选项卡，展开"文字模板"栏，在"好物种草"列表中选择图6-39所示的模板，然后单击该模板右下角的"添加到轨道"按钮。

● **步骤 02**　在"时间轴"面板中选中添加的文字模板，在工作界面右上角的"文本"选项卡中中设置"第1段文本"为"镁铝合金材质"，"字体"为"金陵体"，如图6-40所示。

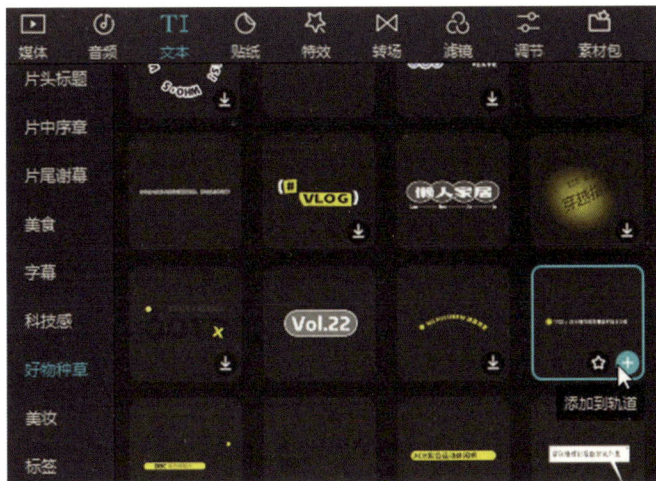

图 6-39

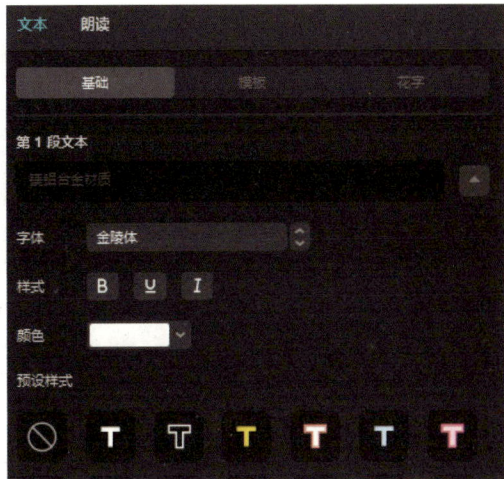

图 6-40

- **步骤 03** 将时间指示器移至 00:00:10:08 处，此时，文字模板完全显示在视频画面中，"播放器"面板中的画面如图 6-41 所示。

- **步骤 04** 在"时间轴"面板中选中添加的文字模板，在工作界面右上角单击"朗读"选项卡，选择"知性女声"选项，如图 6-42 所示，试听朗读效果，觉得合适便可单击"朗读"选项卡右下角的 开始朗读 按钮。

图 6-41

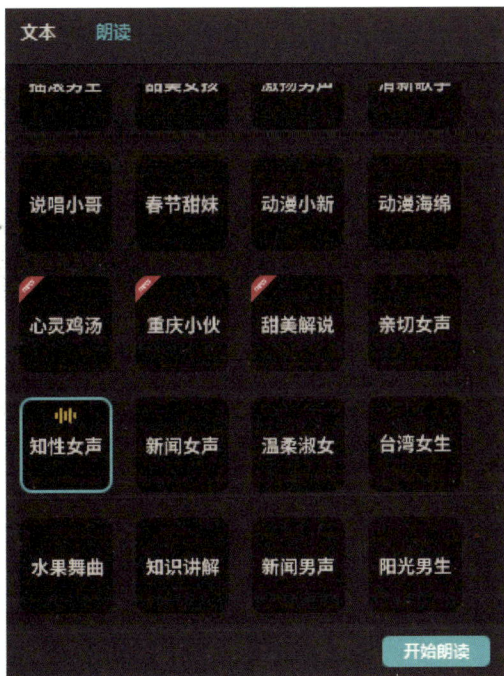

图 6-42

- **步骤 05** 生成的朗读音频被添加到"时间轴"面板的音频轨道中，且朗读音频的起点与对应文字模板的起点相同，如图 6-43 所示。

- **步骤 06** 使用与步骤 01～步骤 05 相同的方法为后面的视频素材制作字幕和朗读音频，效果如图 6-44 所示。

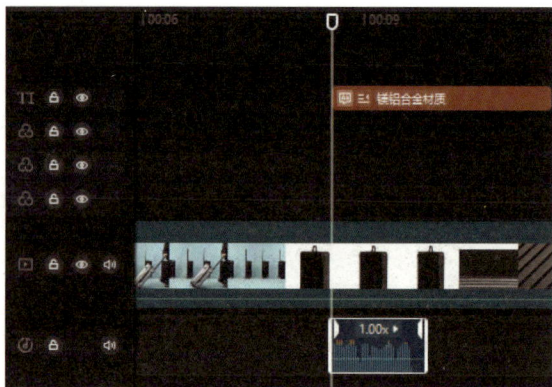

图 6-43

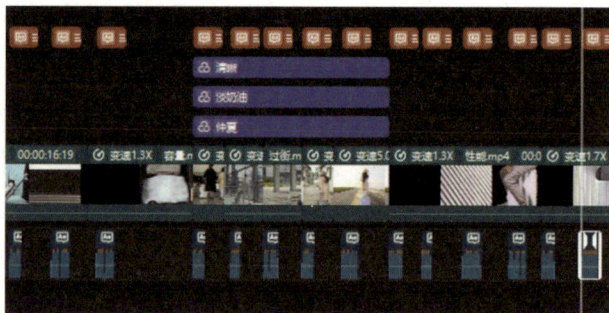

图 6-44

↘ 活动3 添加贴纸

行李箱短视频的开头需要快速吸引消费者，使消费者产生继续观看的兴趣，因此，为了增强短视频开头的吸引力，小艾准备添加动态贴纸进行装饰，具体操作如下。

微课：添加贴纸

● **步骤 01** 将时间指示器移至 00:00:00:00 处，在工作界面左上角单击"贴纸"选项卡，在"闪闪"列表中选择图 6-45 所示的贴纸，然后单击该贴纸右下角的"添加到轨道"按钮 ➕。此时，所选贴纸被添加到时间指示器右侧的新轨道中，如图 6-46 所示。

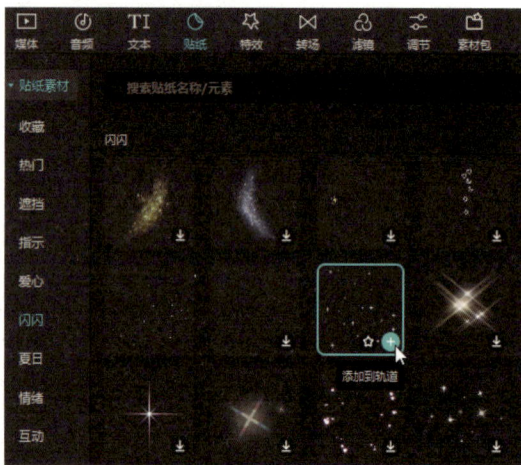

图 6-45

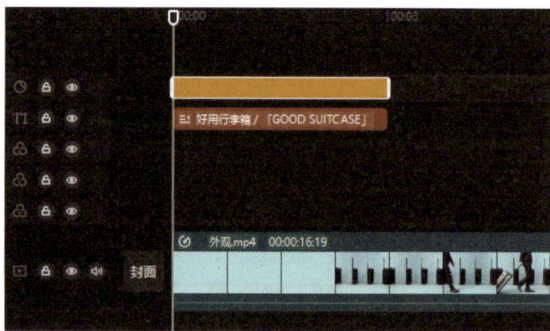

图 6-46

● **步骤 02** 在"播放器"面板中拖曳贴纸的定界框，调整贴纸的大小和位置，效果如图 6-47 所示。

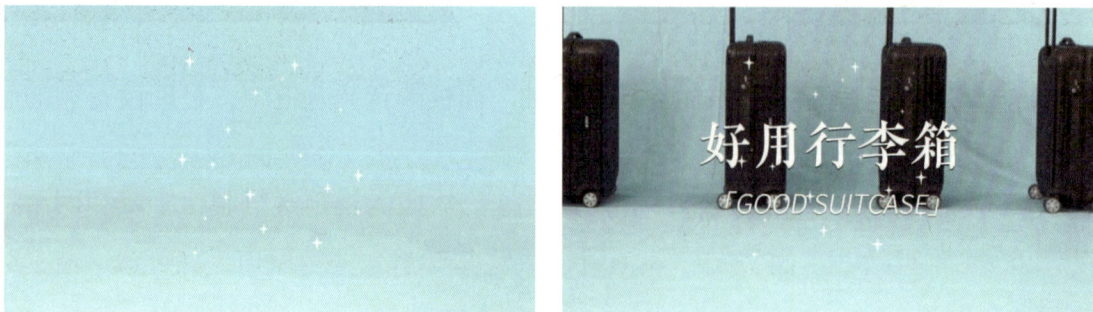

图 6-47

↘ 活动4 添加音效和背景音乐

　　行李箱短视频的开头有模特拉着行李箱行走的画面，小艾准备为这段画面添加脚步声的音效，再为开头的贴纸添加风铃音效，增强行李箱短视频的表现力，使消费者身临其境。此外，为了营造轻松的氛围，小艾准备为整个行李箱短视频添加欢快的背景音乐，具体操作如下。

微课：添加音效
和背景音乐

● **步骤 01** 将时间指示器移至 00:00:03:00 处，在工作界面左上方单击"音频"选项卡，选中"音效素材"栏，在右侧的搜索框中输入"走路"，然后按【Enter】键进行搜索，在搜索结果中选择"缓慢走路"音效，如图 6-48 所示，然后单击该音效右下角的"添加到轨道"按钮 ➕。此时，所选音效被添加到时间指示器右侧的新轨道中。

图 6-48

● **步骤 02** 在"时间轴"面板中选中添加的"缓慢走路"音效，此时，工作界面右上方将显示"音频"选项卡，在其中的"基本"选项卡中设置"音量"为"-5.0dB"，勾选"音频降噪"复选框，如图 6-49 所示。

● **步骤 03** 在"播放器"面板底部单击 ▶ 按钮，播放这段走路的画面及添加的音效，发现画面中的脚步与音效中的脚步声可以对应，因此无须在"变速"选项卡中对音频进行变速。

● **步骤 04** 将时间指示器移至 00:00:00:00 处，在工作界面左上方单击"音频"选项卡，选中"音效素材"栏，在右侧的搜索框中输入"风铃"，然后按【Enter】键进行搜索，在搜索结果中选择"风铃"音效，如图 6-50 所示，单击该音效右下角的"添加到轨道"按钮 ➕。

图 6-49

图 6-50

● **步骤 05** "时间轴"面板中的音效如图 6-51 所示，在工作界面右上方的"基本"选项卡中设置"音量"为"-4.0dB"。

● **步骤 06** 在"时间轴"面板中的视频轨道最左侧单击"关闭原声"按钮 🔊，使其处于关闭状态 🔇。

● **步骤 07**　将时间指示器移至 00:00:06:00 处，在工作界面左上方单击"音频"选项卡，展开"音乐素材"栏，在"纯音乐"列表中选择"浪漫（纯音乐）"素材，如图 6-52 所示，

图 6-51

图 6-52

● 单击该素材右下角的"添加到轨道"按钮 ，该素材被添加到"时间轴"面板的音频轨道中。

● **步骤 08**　选中"浪漫（纯音乐）"素材，将时间指示器移至整个行李箱短视频的结尾处，按【Ctrl+B】组合键分割素材，按【Delete】键删除分割后的后半段素材。

● **步骤 09**　选中剩余的"浪漫（纯音乐）"素材，工作界面右上方将显示"音频"选项卡，在其中单击"基本"选项卡，设置"音量""淡出时长"分别为"–6.0dB""2.0s"，如图 6-53 所示。

● **步骤 10**　在工作界面右上方单击 按钮，打开"导出"对话框，设置"作品名称""导出至"等参数，如图 6-54 所示，单击 按钮进行导出，行李箱短视频的最终效果如图 6-55 所示（配套资源 :\ 效果 \ 项目六 \ 行李箱短视频 .mp4）。

图 6-53

图 6-54

图 6-55

同步实训——制作无人机短视频

实训要求

　　某无人机网店打算在电商平台、短视频平台投放无人机短视频，现录制了 6 个视频素材，需要利用这些素材制作一个尺寸为 1920 像素 ×1080 像素的无人机短视频，希望通过短视频让潜在消费者了解并喜欢无人机。要求无人机短视频首先介绍企业与无人机的基本情况，然后重点从研发和创新两个角度进一步介绍无人机的生产理念，最后在视频结尾展示无人机品牌的宣传口号。此外，整个短视频的节奏应轻松、愉快，画面与画面之间的过渡要自然、流畅，背景音乐需要营造出舒心的氛围，同时也需要有一定的节奏感，强调无人机的科技属性。无人机短视频的参考效果如图 6-56 所示。

图 6-56

● **步骤 01** 启动剪映专业版，创建草稿，导入无人机的视频素材（配套资源:\ 素材 \ 项目六 \ 无人机）。

● **步骤 02** 以合适的顺序将所有视频素材添加到"时间轴"面板中，并剪辑素材。

● **步骤 03** 通过"调节"选项卡适当调整视频画面的色彩。

● **步骤 04** 通过"转场"选项卡在互相衔接的视频之间添加合适的转场。

● **步骤 05** 通过"文本"选项卡为视频画面添加合适的字幕。

● **步骤 06** 将"背景音乐.mp3"素材添加到"时间轴"面板中，预览整个无人机短视频，然后以"无人机短视频"为名导出 MP4 格式的文件（配套资源:\ 效果 \ 项目六 \ 无人机短视频 .mp4）。

项目小结

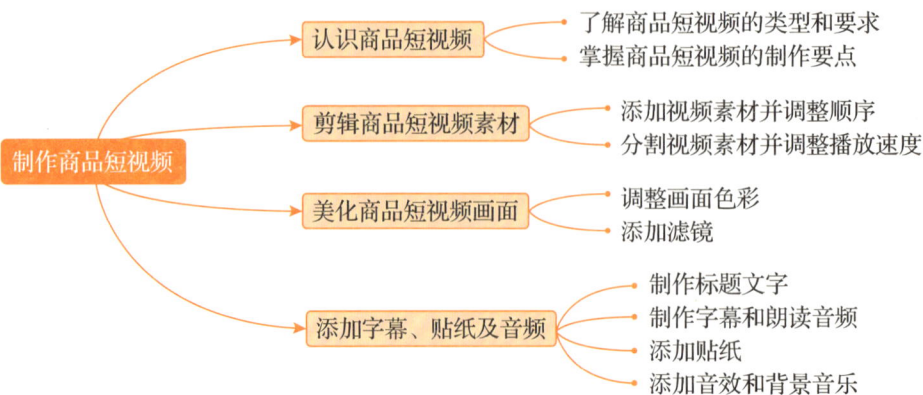

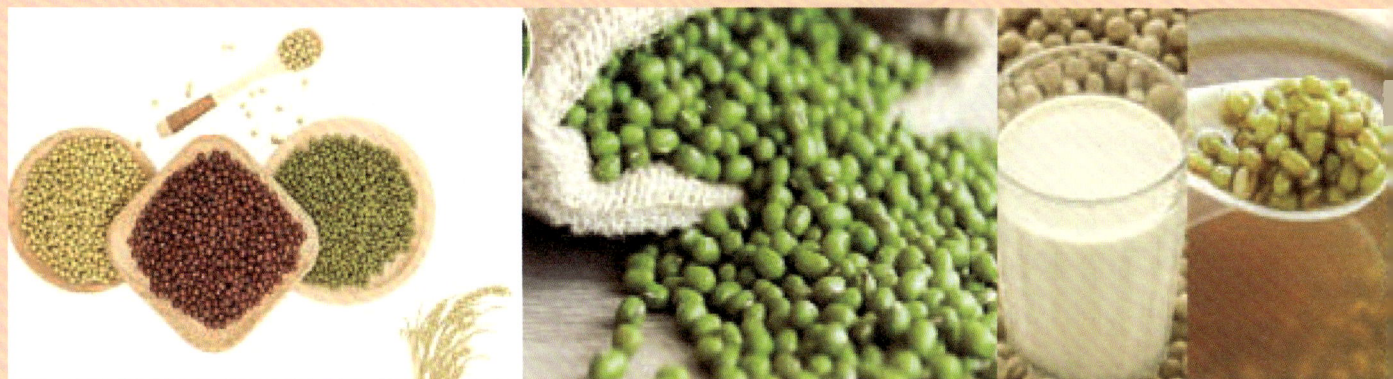

项目七
网店整店视觉设计实战

经过几个月的工作，小艾的网店视觉设计与制作能力提高了许多，于是老李准备将一些网店整店视觉设计项目交给小艾，包括京东、拼多多、速卖通等电商平台的不同商品品类的网店整店视觉设计。小艾十分认真地对待这些网店整店视觉设计实战项目，这是她在成为一名优秀的网店美工的过程中需要积累的必不可少的经验。

➡ 知识目标

- 熟悉京东平台中网店的特点。
- 熟悉拼多多平台中网店的特点。
- 熟悉速卖通平台中网店的特点。

➡ 技能目标

- 能够完成京东平台家电网店的视觉设计与制作。
- 能够完成拼多多平台农产品网店的视觉设计与制作。
- 能够完成速卖通平台 3C 网店的视觉设计与制作。

➡ 素养目标

- 提升网店视觉设计的能力。
- 具备敏锐的观察力，能够通过归纳不同平台、品类的网店特点，更好地完成网店视觉设计与制作。

任务一　京东平台家电网店视觉设计与制作

任务描述

　　老李先交给小艾一个京东平台家电网店视觉设计与制作的任务，并提供了相应的工作任务单，小艾需要先填写工作任务单，再据此设计与制作 PC 端网店首页视觉效果，然后为该网店中的主推商品——节能护眼台灯制作主图和主图视频，最后为新上架的健康活氧洗衣机制作商品详情页。

知识窗

　　由于客户的网店开设在京东平台中，因此小艾先着重了解京东平台，以及其中网店的特点。图 7-1 所示为京东网站首页，页面左侧可以看到家用电器、数码、家居、家装等类别，这些类别是京东的优势类别，年交易额较早突破了千亿元大关。

图 7-1

　　京东主要有两种运营模式：一种是京东自营模式；另一种是 POP（Pctowap Open Platform）模式，又称开放平台模式，是一种第三方商家入驻京东平台后进行自我管理和运营的商家合作模式。客户的网店正是 POP 模式下入驻京东的家电类专营店，小艾在京东搜索了其他家电类专营店，如图 7-2 所示，发现这类网店的视觉设计风格以简洁、大气为主，布局整齐且富有变化，主要突出商品的功能性卖点。

图 7-2

任务实施

⬂ 活动1 设计与制作家电网店首页

　　熟悉京东平台中家电网店的相关知识后，在老李的指导下，小艾依据公司提供的工作任务单进行需求分析，确定了家电网店首页的设计内容，并搜集了相关素材，如表 7-1 所示，然后开始家电网店首页的制作。

　　根据家电网店首页工作任务单完成家电网店首页的制作，参考步骤见微课。

微课：设计与制作家电网店首页

表 7-1　家电网店首页工作任务单

项目名称		乐优纳家电专营店首页设计	接手部门/人员	小艾
背景情况		乐优纳家电专营店是京东平台中售卖各种生活电器的网店。临近初春大促活动，为了增加网店流量，需要重新设计网店首页，要求设计效果新颖、美观，能够体现网店特色和主推商品		
网店信息	企业	乐优纳		
	行业	家电行业		
	经营理念	以"专注生活健康，提倡节能环保"为理念，希望为消费者打造健康、美好、舒适的生活环境		
	主要商品	冰箱、洗衣机、空调、空气净化器等大家电，以及各种生活小家电		
	平台	京东		
需求分析	消费者群体	18~40岁，热爱生活，有提升生活品质、接受家电新科技、环保需求的消费者		
	尺寸	1920像素×5550像素（店招尺寸为1920像素×120像素，导航尺寸为1920像素×30像素）		
	配色方案	主色：蓝色 辅助色：绿色、金色		
	关键词	全程服务、全国联保、送货上门、初春大促、领券购物更优惠、家电商品分类、热销榜单、精选好物大折扣		

（续表）

设计思路		将乐优纳家电专营店首页分为店招、导航、首屏海报、优惠活动区、商品分类区、热销榜单、好物推荐区7个板块，采用简洁、清爽的设计风格和模块式布局，以直接展示商品为主，突出该网店家电商品的丰富性。在具体制作时，可添加其他的色彩和简洁的装饰元素作为点缀，使网店首页视觉效果更加丰富
设计内容分析		
①店招		主要展示网店名称、服务保障（全程服务、全国联保、送货上门），以及网店理念
②导航		以文字形式制作首页、全部分类、冰箱、洗衣机、空调、空气净化器、小家电的导航
③首屏海报		针对初春大促活动，以家居场景展示网店主推商品，以及"低至2折"的优惠信息。 素材整理： 背景吊灯.png　背景书柜.png　空气净化器1.png　空气净化器2.png　空调1.png　空调2.png　空调3.png　首屏海报背景.jpg　植物装饰.psd
④优惠活动区		主要展示网店各类优惠券（5元无门槛、满150元立减10元、满399元立减30元、满899元立减50元），以及"买即赠"活动（购买智能空调赠电水壶一个，购买智能净化器赠锅具一套，购买智能洗衣机赠吹风机一个）。 素材整理： 赠品1.jpg　赠品2.jpg　赠品3.jpg
⑤商品分类区		根据导航中的商品类别，以图片形式生动、直观地展示商品分类。 素材整理： 冰箱.jpg　洗衣机.jpg　空调.jpg　空气净化器.jpg　小家电.jpg
⑥热销榜单		主要展示洗烘一体全自动洗衣机、智能全自动扫地机器人、新能效壁挂式空调这3个热销商品，并在每个热销商品模块中突出商品卖点和优惠价格。 素材整理： 洗衣机.jpg　扫地机器人.jpg　空调.jpg　绿叶装饰.png　展示台.png
⑦好物推荐区		主要展示小家电商品，每个商品模块包含商品图片、名称、价格、购买按钮。 素材整理： 除螨仪.jpg　电磁炉.jpg　电饭煲.jpg　挂烫机.jpg　加湿器.jpg　压力锅.jpg
素材位置		配套资源:\素材\项目七\家电网店首页
效果位置		配套资源:\效果\项目七\家电网店首页.psd

↘ 活动2 设计与制作节能护眼台灯主图和主图视频

小艾根据公司提供的工作任务单进行需求分析，确定了节能护眼台灯主图和主图视频的设计内容，并搜集了相关素材，如表7-2、表7-3所示，然后开始节能护眼台灯主图和主图视频的制作。

根据节能护眼台灯主图和主图视频工作任务单完成制作，参考步骤见微课。

微课：设计与制作节能护眼台灯主图和主图视频

表 7-2　节能护眼台灯主图工作任务单

项目名称	节能护眼台灯主图设计		接手部门/人员	小艾
背景情况	节能护眼台灯是乐优纳专营店中浏览量、销量都较高的商品，网店打算在初春大促活动中进行降价销售，需要根据活动重新设计一张节能护眼台灯主图，表现出较强的吸引力，突出台灯的卖点和优惠价格			
商品信息	品牌	RB	上架平台	京东乐优纳家电专营店
	商品	LED节能护眼台灯	价格	56元
需求分析	消费者群体	有学习、工作需求，审美年轻化，追求品质的消费者		
	尺寸	800像素×800像素		
	配色方案	主色：蓝色 辅助色：绿色、金色		

图片素材	卖点分析 + 文案设计
 台灯.jpg	①卖点分析：护眼暖光、无频闪、金属外观、LED节能灯泡、可折叠灯身、可旋转灯头、多挡调光。 ②文案设计：LED节能护眼台灯、自然光、无频闪、可折叠、无蓝光、高显色、无可视频闪、活动价56元

素材位置	配套资源:\素材\项目七\节能护眼台灯主图和主图视频
效果位置	配套资源:\效果\项目七\节能护眼台灯主图.psd

表 7-3　节能护眼台灯主图视频工作任务单

项目名称	节能护眼台灯主图视频设计		接手部门/人员	小艾
背景情况	为了更加生动、直观地展示节能护眼台灯，需要根据商品特点制作主图视频，以便消费者快速、完整地了解商品			
需求分析	尺寸	1920像素×1080像素		
	视频时长	30秒左右		

视频素材	视频内容 + 文案设计
 ①　　　　　② ③　　　　　④	①视频内容：台灯外观。文案设计：精美工业设计，多种配色任选。 ②视频内容：细节展示。文案设计：高品质金属结构，满分细节体验。 ③视频内容：开灯效果。文案设计：护眼暖光，为学习和工作护航。 ④视频内容：使用场景。文案设计：可折叠灯身，可旋转灯头；多挡可调节亮度，冷光、暖光、自然光皆有

素材位置	配套资源:\素材\项目七\节能护眼台灯主图和主图视频
效果位置	配套资源:\效果\项目七\节能护眼台灯主图视频.mp4

↘ 活动3　设计与制作健康活氧洗衣机详情页

　　小艾根据公司提供的工作任务单进行需求分析，确定了健康活氧洗衣机详情页的设计内容，并搜集了相关素材，如表 7-4 所示，然后开始健康活氧洗衣机详情页的制作。

　　根据健康活氧洗衣机详情页的工作任务单完成健康活氧洗衣机详情页的制

微课：设计与制作健康活氧洗衣机详情页

作，参考步骤见微课。

表7-4　健康活氧洗衣机详情页工作任务单

项目名称	健康活氧洗衣机详情页设计		接手部门/人员	小艾
背景情况	由于乐优纳家电专营店中的一款洗衣机进行了技术更新，升级为健康活氧洗衣机，因此需要制作新的商品详情页，要求在该详情页中体现健康活氧洗衣机的新特点及用到的新技术，传达健康生活的理念			
商品信息	品牌	BS	上架平台	京东乐优纳家电专营店
	商品	健康活氧洗衣机	价格	8599元
需求分析	消费者群体	25～40岁，生活品质较高、平时洗衣需求较大、能接受家电新技术的消费者		
	尺寸	790像素×7000像素		
	配色方案	主色：蓝色。辅助色：黑色、白色		
	关键词	健康活氧、智能、10kg大容量滚筒、除菌抑菌、多种洗涤功能、人性化细节设计		
设计思路	将健康活氧洗衣机详情页分为焦点图、卖点展示图、使用场景图、细节展示图和商品参数图5个板块，采用极简风格展示健康活氧洗衣机的外观、卖点、使用场景、细节和详细参数			
设计内容分析				
①焦点图	美观、具有吸引力，主要展示洗衣机的正面和商品名称。 素材整理： 蓝色背景.jpg　洗衣机正面.jpg			
②卖点展示图	主要展示洗衣机高效洁净、健康活氧、低温洗护、活氧空气洗、智能预约、手机操作、紧急救场、15分钟速洗、护衣有道、精细洗涤、安全保护、高效降噪等卖点，可采取图标与文字搭配的方式进行直观的展示。 素材整理： 除菌效果.jpg　滚筒.jpg　气泡.png　图标1.png　图标2.png　图标3.png　图标4.png　图标5.png　图标6.png			
③使用场景图	以一定的透视角度展示洗衣机的居家使用场景，以及精细化分类的多种洗涤程序。 素材整理： 洗衣场景.jpg			
④细节展示图	主要展示洗衣机细致的人性化设计，包括LED大屏、中途可添衣、分隔料盒等设计。 素材整理： LED大屏.jpg　中途可添衣.jpg　分隔料盒.jpg			
⑤商品参数图	主要展示洗衣机品牌、型号、名称、容量、能效等级、尺寸等方面的详细参数。 素材整理： 洗衣机透视图.jpg			
素材位置	配套资源:\素材\项目七\健康活氧洗衣机详情页			
效果位置	配套资源:\效果\项目七\健康活氧洗衣机详情页.psd			

任务二　拼多多平台农产品网店视觉设计与制作

任务描述

近年来，农产品电商成为热门行业，农产品网店如雨后春笋般涌现。农谷福农产品网店准备入驻拼多多平台，需要小艾完成相关的网店视觉设计与制作任务，包括制作农产品网店首页、农产品主图和主图视频、农产品详情页。

知识窗

拼多多是专注于拼团购物的第三方社交电商平台，旨在凝聚多人的力量，让消费者用较低的价格买到优质的东西，致力于通过创新的消费者体验，将"多实惠"和"多乐趣"融合到购物中。拼多多靠农产品零售起家，逐步发展成以农副产品为鲜明特色的全品类综合性电商平台。

拼多多平台中的店铺从广义上分为个人店铺、企业店铺和海淘店铺。由于拼多多深入最基础的产业及村庄，始终与我国农民、农业共同成长，因此农产品个人店铺较多，农产品网店多采用中国风、复古风视觉设计，文字表述直接、朴实，如图 7-3 所示。

图 7-3

任务实施

↘ 活动1　设计与制作农产品网店首页

熟悉了拼多多平台中农产品网店的相关知识后，在老李的指导下，小艾依据公司提供的工作任务单进行需求分析，确定了农产品网店首页的设计内容，并搜集了相关素材，如表 7-5 所示，然后开始农产品网店首页的制作。

根据农产品网店首页工作任务单完成农产品网店首页的制作，参考步骤见微课。

微课：设计与制作农产品网店首页

表 7-5　农产品网店首页工作任务单

项目名称	农谷福农产品网店首页设计	接手部门/人员	小艾
背景情况	农谷福企业主要售卖五谷杂粮，准备在拼多多开设一家农产品网店，需要设计网店首页，要求美观、朴实，能够体现网店特色并宣传农产品		

（续表）

网店信息	企业	农谷福
	行业	农产品行业
网店信息	经营理念	诚信经营，品质保障
	主要商品	五谷杂粮
	平台	拼多多
需求分析	消费者群体	23～60岁，愿意网购粮食，对农产品有好感，喜欢自然、生态的食品，追求健康、朴实的生活的消费者
	尺寸	750像素×4600像素
	配色方案	主色：黄色 辅助色：红色、棕色
	关键词	五谷杂粮、五谷丰登、诚信经营、品质保障、拼着买更划算、镇店热卖、新品上市、甄选推荐
设计思路		将农谷福农产品网店首页分为焦点图、镇店热卖区、新品上市区、甄选推荐区4个板块，每个板块采用风格统一的小标题，板块内部采用模块式布局，以直接展示商品为主，突显农产品的优质。在具体制作中，可采用中国风风格进行设计，如添加祥云、仙鹤、云纹、亭台楼阁等与中国风相关的设计元素，使网店首页的视觉效果更加丰富，整体风格更加统一

设计内容分析

①焦点图	主要展示网店中种类丰富的农产品，以及网店的经营理念和拼多多平台的特色。 素材整理： 光效.png　五谷杂粮.png　印章.png　云纹.png　装饰.psd
②镇店热卖区	主要展示网店中销量排在前三位的农产品，简单介绍拼单量、名称、卖点、价格，并添加跳转按钮。 素材整理： 长粒香米.jpg　展示木座.psd　七色糙米.jpg　火焰图标.png　红豆.jpg
③新品上市区	主要展示网店中的新品，简单介绍名称、价格，并添加跳转按钮。 素材整理： 黑豆.jpg　红小豆.jpg　黄豆.jpg　绿豆.jpg
④甄选推荐区	主要展示商家推荐的农产品，并简单介绍名称、原价、活动价格。 素材整理： 小米.jpg　玉米糁.jpg
素材位置	配套资源:\素材\项目七\农产品网店首页
效果位置	配套资源:\效果\项目七\农产品网店首页.psd

↘ 活动2　设计与制作农产品主图和主图视频

小艾根据公司提供的工作任务单进行需求分析，确定了农产品主图和主图视频的设计内容，并搜集了相关素材，如表7-6、表7-7所示，然后开始农产品主图和主图视频的制作。

根据农产品主图和主图视频工作任务单完成农产品主图和主图视频的制

微课：设计与制作农产品主图和主图视频

作，参考步骤见微课。

表7-6　农产品主图工作任务单

项目名称	农产品主图设计		接手部门／人员	小艾
背景情况	农谷福农产品网店准备用店内的一款新米参加拼多多平台的"百亿补贴"活动，需要制作相应的主图，增强新米的吸引力，并突显优惠力度和新米的卖点			
商品信息	品牌	农谷福	上架平台	拼多多农谷福农产品网店
	商品	五常大米2.5kg	价格	12元
需求分析	消费者群体	23～60岁，愿意网购大米、喜欢参加优惠活动的消费者		
	尺寸	800像素×800像素		
	配色方案	主色：橙色 辅助色：红色、黄色		
图片素材			卖点分析＋文案设计	
 五常大米.jpg			①卖点分析：五常大米、新米、"百亿补贴"优惠、爱心助农。 ②文案设计：农谷福 爱心助农、五常大米2.5kg、2022年秋季新米、优惠价12元	
素材位置	配套资源:\素材\项目七\农产品主图和主图视频			
效果位置	配套资源:\效果\项目七\农产品主图.psd			

表7-7　农产品主图视频工作任务单

项目名称	农产品主图视频设计	接手部门／人员	小艾
背景情况	五常大米是黑龙江省哈尔滨市五常市的特产，属于中国国家地理标志产品。为了展示该款大米的产地及其有益健康、颗粒饱满、质地坚硬等特点，以及煮熟的米饭效果，需要制作主图视频		
需求分析	尺寸	1080像素×1080像素	
	视频时长	30～40秒	
视频素材		视频内容＋文案设计	
① ② ③ ④		①视频内容：产地介绍。文案设计：来自黑龙江省哈尔滨市五常市；2022年秋季新米；属于中国国家地理标志产品。 ②视频内容：大米展示。文案设计：米质触感温润，坚实不易碎；米色白润透亮；米粒密实，颗粒饱满。 ③视频内容：洗米。文案设计：米粒干净、莹白剔透。 ④视频内容：煮米。文案设计：饭香四溢，清香微甜；口感香糯软弹，入口回甜；三餐四季，好好吃饭，健康生活	
素材位置	配套资源:\素材\项目七\农产品主图和主图视频		
效果位置	配套资源:\效果\项目七\农产品主图视频.mp4		

📖 素养小课堂

农产品与人们日常生活息息相关，网店美工在进行农产品的相关设计前，应先了解我国的农产品分类（包括粮油、果蔬及花卉、林产品、畜禽产品、水产品和其他农副产品等），以及我国的农产品标识（包括无公害农产品、绿色农产品、有机农产品、转基因农产品、农产品地理标志等），这样才能确保农产品相关设计作品的正确性和真实性，更加合理、准确地向消费者展示农产品的特点。

↘ 活动3　设计与制作农产品详情页

小艾根据公司提供的工作任务单进行需求分析，确定了农产品详情页的设计内容，并搜集了相关素材，如表7-8所示，然后开始农产品详情页的制作。根据农产品详情页的工作任务单完成农产品详情页的制作，参考步骤见微课。

微课：设计与制作农产品详情页

表7-8　农产品详情页工作任务单

项目名称	农产品详情页设计		接手部门/人员	小艾
背景情况	农谷福农产品网店近期打算上新一款五谷杂粮组合装商品，需要制作新品详情页，希望在该详情页中体现五谷杂粮的优质性，传达合理安排膳食、健康生活的理念			
商品信息	品牌	农谷福	上架平台	拼多多农谷福农产品网店
	商品	五谷杂粮组合装（绿豆500g+黄豆500g+红豆500g）	价格	23.9元
需求分析	消费者群体	25~40岁，追求健康饮食、营养均衡，有健身、养胃、熬粥等需求的消费者		
	尺寸	790像素×6150像素		
	配色方案	主色：黄色 辅助色：深黄色、黑色		
	关键词	五谷杂粮、品鉴、健康、多种豆类、甄选、优良品种、颗粒饱满、色泽鲜亮、优等产地、食用指南		
设计思路	将农产品详情页分为焦点图、商品参数图、实拍细节图、产地优势图和食用指南图5个板块，采用自然、简约的设计风格，主要展示五谷杂粮组合装的真实外观、详细参数、主要卖点、产地优势及食用方式等内容			
设计内容分析				
①焦点图	简洁大方，主要展示售卖的农产品的外观，并传达合理安排膳食、健康生活的理念。 素材整理： 三种豆.jpg　碗装豆.jpg			
②商品参数图	主要展示五谷杂粮组合装包含的具体农产品及其净含量等。 素材整理： 三豆.png　装饰.png			

（续表）

③实拍细节图	主要展示黄豆、绿豆、红豆的特写图片，并辅以卖点文字进行宣传，增强可信度，提高消费者的购买欲。 素材整理： 红豆.jpg　红豆生长.jpg　黄豆.jpg　黄豆生长.jpg　绿豆.jpg　绿豆生长.jpg
④产地优势图	主要展示农产品的产地优势，可从日照、雨水、气候、土壤等方面进行宣传。 素材整理： 气候好.jpg　日照长.jpg　土壤肥.jpg　雨水足.jpg
⑤食用指南图	主要展示五谷杂粮组合装的多种食用方式，挖掘消费者的更多需求，促使消费者购买。 素材整理： 豆浆.jpg　豆沙.jpg　绿豆汤.jpg
素材位置	配套资源:\素材\项目七\农产品详情页
效果位置	配套资源:\效果\项目七\农产品详情页.psd

✎ 经验之谈

在设计新品详情页时需要注意以下三个重点：一是在传达设计理念的同时强调品牌、款式与品质，将新品介绍给消费者；二是将新品的某一特点做到极致，以突出新品的差异化优势；三是部分新品可以通过新品打折、满减等营销方式积累基础销量。

任务三　速卖通平台 3C 网店视觉设计与制作

任务描述

得益于信息技术和互联网技术的快速发展，公司接待的跨境电商客户越来越多。公司接到了一个跨境电商平台速卖通中（3C 指 Computer、Communication、Consumer，即计算机类、通信类、消费类这 3 类电子产品的统称）网店视觉设计与制作的任务，老李将这一任务及其工作任务单交给小艾，小艾根据工作任务单进行相关的网店视觉设计与制作，包括制作 3C 网店首页、耳机主图和主图视频、数据线详情页。

知识窗

全球速卖通（AliExpress），下文简称"速卖通"，是阿里巴巴旗下的面向国际市场的跨境电商平台，被称为"国际版淘宝"。速卖通的主要目标用户为境外消费者，通过支付宝国际账户进行担保交易，使用跨镜物流运输商品，是全球第三大英文在线购物网站，该平台中的商品性价比较高，低价小商品较多。图 7-4 所示为速卖通平台首页，覆盖 3C、服装、家居、饰品等 30 个一级行业类目。

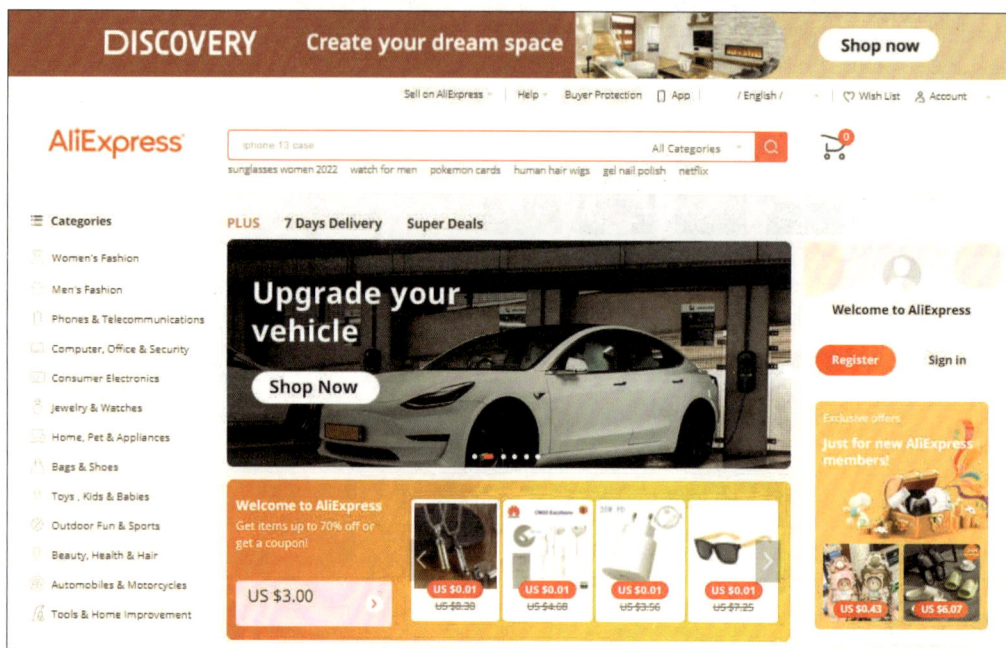

图 7-4

速卖通平台中优势商品类目主要有服装服饰、鞋包、运动娱乐、珠宝手表、3C、家居、汽车摩托车配件等。综合近几年的销售数据，速卖通平台中销量排在前四位的类目分别为 3C、服装服饰、家居、汽车摩托车配件。尤其是 3C 占据了速卖通整个平台约 29% 的销量，其中热销商品有手机壳、手机膜、充电线、数据线、计算机配件、耳机、智能手表手环等。

小艾在速卖通中搜索了一些 3C 网店，发现这类网店的视觉设计风格大多以简洁风或科技风为主，商品图片和文字描述都很直接，如图 7-5 所示。

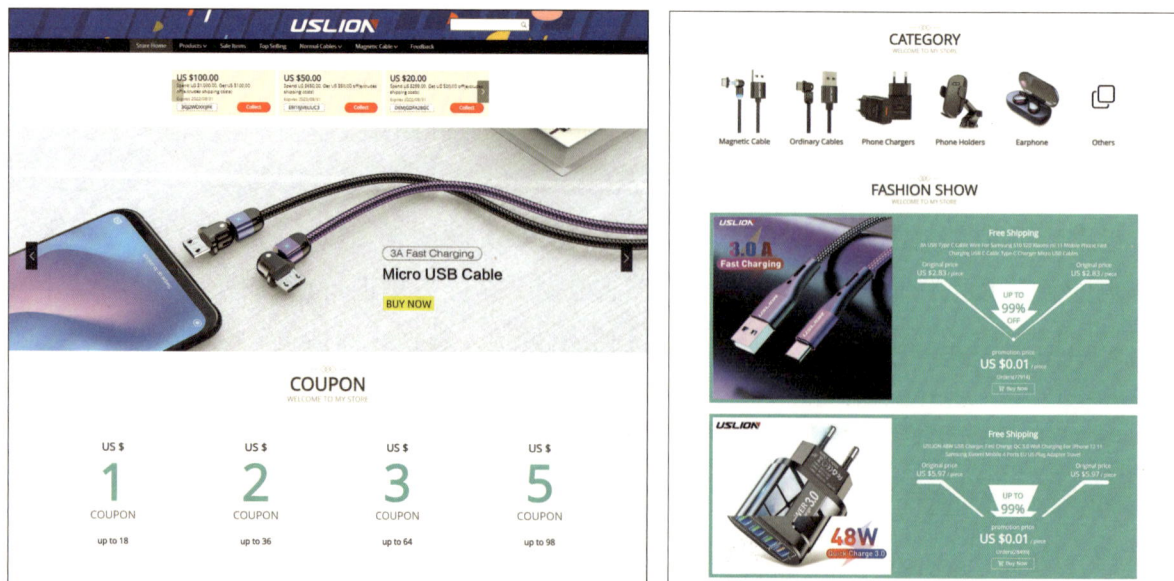

图 7-5

↘ **活动1　设计与制作3C网店首页**

微课：设计与制作3C网店首页

熟悉了速卖通平台中3C网店的相关知识后，在老李的指导下，小艾依据公司提供的工作任务单进行需求分析，确定了3C网店首页的设计内容，并搜集了相关素材，如表7-9所示，然后开始3C网店首页的制作。

根据3C网店首页工作任务单完成3C网店首页的制作，参考步骤见微课。

表7-9　3C网店首页工作任务单

项目名称	Link 3C Store首页设计		接手部门/人员	小艾
背景情况	Link 3C Store是速卖通平台中售卖3C类商品的网店，为了提高市场竞争力，需要重新设计网店首页，要求效果新颖、美观，风格统一，能够体现网店特色和商品卖点			
网店信息	企业	Link 3C		
	行业	3C数码		
	经营理念	让生活更精彩（Make Life More Wonderful）		
	主要商品	USB线（USB Cable）、耳机（Earphone）		
	平台	速卖通		
需求分析	消费者群体	23～35岁，热爱3C类商品，对商品品质有一定追求，喜欢追赶潮流和新科技的消费者		
	尺寸	1920像素×7520像素（店招的尺寸为1920像素×90像素，导航的尺寸为1920像素×40像素）		
	配色方案	主色：蓝绿色、松石绿 辅助色：白色、蓝色		
	关键词	服务保障、领券购物更优惠、家电商品分类、热销榜单、精选好物大折扣		
设计思路	将Link 3C Store首页分为店招、导航、首屏海报、领券区、商品分类区、USB线专区、耳机专区、页尾8个板块，采用具有科技感的设计风格和模块式布局，以直接展示3C商品为主，突出该网店中商品的优势和使用的高科技技术			
设计内容分析				
①店招	主要展示网店名称及网店理念			
②导航	以文字形式制作首页、全部商品、销售类目、热销商品、新品上市、USB线、耳机的导航			
③首屏海报	为热销的3C商品制作首屏海报用以宣传。 素材整理： 数据线.jpg			
④领券区	根据网店长期开展的促销活动，制作满59美元减5美元、满169美元减10美元、满299美元减15美元的优惠券，需要展示优惠金额、优惠条件、优惠券有效期和领券按钮等。			
⑤商品分类区	以图文搭配的形式直观地展示网店中的部分商品品类。 素材整理： USB线.jpg　　蓝牙耳机.jpg　　头戴式耳机.jpg			

（续表）

项目名称	Link 3C Store首页设计	接手部门/人员	小艾
设计内容分析			

⑥USB线专区	采用"单品推广海报+模块式布局"的形式，生动地展示热销和新上市的USB线。 素材整理： 4-in-1.jpg　S22.jpg　USB3.0.jpg　X21.jpg　单品.jpg
⑦耳机专区	采用"单品推广海报+模块式布局"的形式，生动地展示热销和新上市的耳机。 素材整理： ES34.jpg　G33.jpg　M34.jpg　T33.jpg　单品.jpg
⑧页尾	主要展示该网店的服务保障内容，包括7天无理由退换货、48小时内快速发货、质量保障、客服24小时在线服务。 素材整理： 发货.jpg　客服.jpg　退换货.jpg　质保.jpg
素材位置	配套资源:\素材\项目七\3C网店首页
效果位置	配套资源:\效果\项目七\3C网店首页.psd

↘ 活动2　设计与制作耳机主图和主图视频

　　小艾根据公司提供的工作任务单进行需求分析，确定了耳机主图和主图视频的设计内容，并收集了相关素材，如表 7-10、表 7-11 所示，然后开始耳机主图和主图视频的制作。

　　根据耳机主图和主图视频工作任务单完成耳机主图和主图视频的制作，参考步骤见微课。

微课：设计与制作耳机主图和主图视频

表 7-10　耳机主图工作任务单

项目名称	耳机主图设计		接手部门/人员	小艾
背景情况	B910N头戴式耳机是Link 3C Store新上市的商品，需要为该商品设计简洁、直观的主图，展示精美的商品外观			
商品信息	品牌	Link	上架平台	Link 3C Store
	商品	B910N头戴式耳机	价格	299美元
需求分析	消费者群体	对声音品质、降噪有较高要求，有长时间戴耳机需求的消费者		
	尺寸	800像素×800像素		
	配色方案	主色：蓝色 辅助色：白色、橙色		
	图片素材		卖点分析 + 文案设计	

（续表）

项目名称	耳机主图设计	接手部门/人员	小艾
	耳机.jpg	①卖点分析：新升级的降噪处理器QN1、长达24h电池续航、Aptx自适应。②文案设计：Noise reduction processor QN1、24h battery life、Aptx adaptive、B910N Headphone	
素材位置	配套资源:\素材\项目七\耳机主图和主图视频		
效果位置	配套资源:\效果\项目七\耳机主图.psd		

表 7-11　耳机主图视频工作任务单

项目名称	耳机主图视频设计		接手部门/人员	小艾
背景情况	为了增加耳机对消费者的吸引力，需要根据耳机的使用场景制作耳机主图视频，营造使用耳机时的舒适氛围，挖掘消费者的潜在需求			
需求分析	尺寸	1920像素×1080像素		
	视频时长	1分钟以内		
	视频素材		视频内容 + 文案设计	
	① ② ③ ④		①视频内容：耳机外观。文案设计：无。②视频内容：佩戴耳机。文案设计：无。③视频内容：工作场景中使用耳机。文案设计：给热爱音乐的人舒适的聆听效果。④视频内容：休闲场景中使用耳机。文案设计：心怀浪漫宇宙，聆听世间万物	
素材位置	配套资源:\素材\项目七\耳机主图和主图视频			
效果位置	配套资源:\效果\项目七\耳机主图视频.mp4			

↘ 活动3　设计与制作数据线详情页

　　小艾根据公司提供的工作任务单进行需求分析，确定了数据线详情页的设计内容，并搜集了相关素材，如表 7-12 所示，然后开始数据线详情页的制作。

　　根据数据线详情页的工作任务单完成数据线详情页的制作，参考步骤见微课。

微课：设计与制作数据线详情页

表 7-12　数据线详情页工作任务单

项目名称	数据线详情页设计		接手部门/人员	小艾	
背景情况	Link 3C Store中的一款数据线十分畅销，于是该网店准备将这款数据线作为主推商品，加大宣传力度，但由于详情页的设计较为陈旧，因此需要设计新的详情页以更好地展示商品，要求体现较强的科技风，商品展示直观且美观，同时突出商品卖点				
商品信息	品牌	Link	上架平台	Link 3C Store	
	商品	3A数据线	价格	3.99美元	

（续表）

需求分析	消费者群体	对电子产品要求较高，追求快速充电、快速传输数据，以及经常出差的消费者
	尺寸	790像素×12000像素
需求分析	配色方案	主色：蓝色 辅助色：白色、深蓝色
	关键词	3A快速充电、多种接口形状、线弯曲度强、经久耐用、减少发热、软橡胶保护、高传输速率轻松传送大文件
设计思路		将数据线详情页分为焦点图、卖点展示图、性能展示图、细节展示图、工艺品质图、商品参数图6个板块，采用具有科技感的设计风格，主要展示数据线的传输性能、充电性能、技术升级和高品质等内容，实现良好的宣传效果

设计内容分析

①焦点图	通过科技感较强的设计效果突显数据线本身，包括数据线外观、名称、主要卖点等。 素材整理： 背景.jpg　光效.png　数据线1.png　数据线2.png　图标.png
②卖点展示图	主要展示数据线在安全性、快充、兼容性、芯片等方面的卖点，可采取图标与文字搭配的方式，直观地进行介绍。 素材整理： 安全性.png　充电.png　兼容性.png　芯片.png
③性能展示图	分别展示数据线的充电性能和传输性能，数据线具有强劲大功率（18W），且兼容PD&QC快充协议的性能。 素材整理： 传输.png　高速.png
④细节展示图	分别展示抗氧化、不易生锈的接头，加固、加厚的网尾，以及高强度TPE线身等细节。 素材整理： 接头1.jpg　接头2.jpg　原始线.jpg
⑤工艺品质图	主要展示数据线经过多次测试和数据线的品质。 素材整理： 线1.png　线2.jpg

（续表）

⑥商品参数图	主要展示商品型号、支持的最大电流、长度、接头宽度、线身材质、商品颜色等详细参数
素材位置	配套资源:\素材\项目七\数据线详情页
效果位置	配套资源:\效果\项目七\数据线详情页.psd

▌项目小结

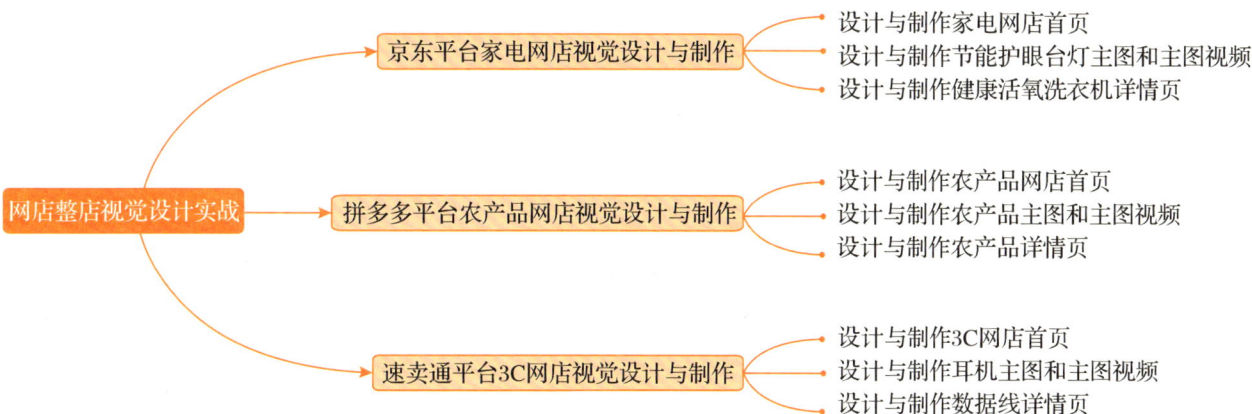

网店整店视觉设计实战

- 京东平台家电网店视觉设计与制作
  - 设计与制作家电网店首页
  - 设计与制作节能护眼台灯主图和主图视频
  - 设计与制作健康活氧洗衣机详情页
- 拼多多平台农产品网店视觉设计与制作
  - 设计与制作农产品网店首页
  - 设计与制作农产品主图和主图视频
  - 设计与制作农产品详情页
- 速卖通平台3C网店视觉设计与制作
  - 设计与制作3C网店首页
  - 设计与制作耳机主图和主图视频
  - 设计与制作数据线详情页